AF276306

Disfrute gratuitamente **DURANTE UN AÑO** de los eBook y audiolibros de las obras de Editorial Colex*

◈ Acceda a la página web de la editorial **www.colex.es**

◈ Identifíquese con su usuario y contraseña. En caso de no disponer de una cuenta regístrese.

◈ Acceda en el menú de usuario a la pestaña «Mis códigos» e introduzca el que aparece a continuación:

RASCAR PARA VISUALIZAR EL CÓDIGO

◈ Una vez se valide el código, aparecerá una ventana de confirmación y su eBook y/o audiolibro estará disponible **durante 1 año desde su activación** en la pestaña «Mis libros» en el menú de usuario.

---

* Los audiolibros están disponibles en las ediciones más recientes de nuestras obras. Se excluyen expresamente las colecciones «Códigos comentados», «Biblioteca digital» y los productos de www.vademecumlegal.es.

No se admitirá la devolución si el código promocional ha sido manipulado y/o utilizado.

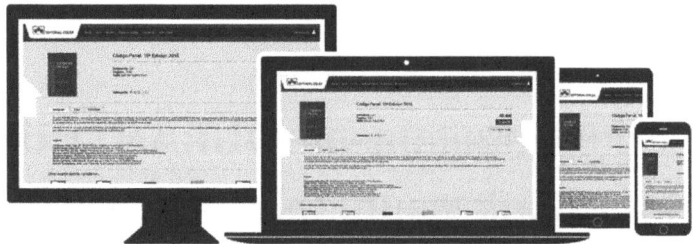

¡Gracias por confiar en Colex!

La obra que acaba de adquirir incluye de forma gratuita la versión electrónica. Acceda a nuestra página web para aprovechar todas las funcionalidades de las que dispone en nuestro lector.

Funcionalidades eBook

Acceso desde cualquier dispositivo

Idéntica visualización a la edición de papel

Navegación intuitiva

Tamaño del texto adaptable

Síguenos en:

GASTOS DEDUCIBLES EN EL IMPUESTO SOBRE SOCIEDADES PARA PYMES

Aproximación a los requisitos generales para la deducibilidad de gastos en el IS y análisis de los supuestos más controvertidos

GASTOS DEDUCIBLES EN EL IMPUESTO SOBRE SOCIEDADES PARA PYMES

Aproximación a los requisitos generales para la deducibilidad de gastos en el IS y análisis de los supuestos más controvertidos

3.ª EDICIÓN 2025

Obra realizada por el Departamento de Documentación de Iberley

Coordinador

Antonio Durán-Sindreu Buxadé

COLEX 2025

© Editorial Colex, S.L.
Calle Costa Rica, número 5, 3º B (local comercial)
A Coruña, C.P. 15004
info@colex.es
www.colex.es

I.S.B.N.: 979-13-7011-146-5
Depósito legal: C 777-2025

SUMARIO

1.
CRITERIOS GENERALES CON RESPECTO AL GASTO CONTABLE COMO GASTO FISCAL

Los requisitos generales para la deducibilidad de los gastos en el IS

La base imponible del Impuesto sobre Sociedades está constituida por el importe de la renta obtenida por el contribuyente en el período impositivo, que, en su caso, se minorará por la compensación de bases imponibles negativas de períodos impositivos anteriores. Tal y como apunta el artículo 10.3 de la Ley 27/2014, de 27 de noviembre, del Impuesto sobre Sociedades (en adelante, LIS), se calculará, en el método de estimación directa, «corrigiendo, mediante la aplicación de los preceptos establecidos en esta Ley, el resultado contable determinado de acuerdo con las normas previstas en el Código de Comercio, en las demás leyes relativas a dicha determinación y en las disposiciones que se dicten en desarrollo de las citadas normas».

Así las cosas, el gasto fiscalmente deducible se obtendrá corrigiendo el resultado contable, calculado según las normas contables, a través de la aplicación de las normas tributarias; que, en algunas ocasiones, podrán excluir la deducibilidad de un determinado gasto (por ejemplo, las multas o sanciones) o bien limitarla (como sucedería en el caso de los gastos financieros).

Sea como fuere, si bien la contabilización es uno de los **requisitos necesarios para la deducibilidad de los gastos en el IS**, no es el único. En concreto, habrán de concurrir los siguientes:

- La **correcta imputación temporal del gasto**.
- Su adecuada **contabilización**.
- Su **correlación con los ingresos**.
- Su **justificación documental**.
- La **inexistencia de algún precepto de la LIS que califique el gasto como no deducible**.

RESOLUCIÓN RELEVANTE

Sentencia de la Audiencia Nacional, recurso n.º 771/2019, de 28 de septiembre de 2022, ECLI:ES:AN:2022:4785

Asunto: el contribuyente es quien tiene la carga de probar que concurren los requisitos para la deducibilidad de un gasto.

«(...) tratándose de un gasto deducible, es el contribuyente el que tiene la carga de acreditar la efectiva concurrencia de todos y cada uno de los requisitos a que se supedita esa deducibilidad y que dicha tarea no puede ser suplida apelando a la actividad que habría podido desplegar la Inspección en el curso de las actuaciones de comprobación e investigación. Así se deduce del contenido del art. 105 de la LGT y de la jurisprudencia que lo ha interpretado (por ejemplo, sentencia del Tribunal Supremo de 6 de febrero de 2020, ROJ: STS 351/2020, FJ 2)».

1.1. Criterio general de imputación temporal

El primer requisito para la deducibilidad de los gastos en el Impuesto sobre Sociedades es el de su correcta imputación temporal. A tal fin, el artículo 11.1 de la LIS, establece que, **como regla general, los ingresos y los gastos derivados de las transacciones o hechos económicos se imputarán al período impositivo en el que se produzca su devengo**, con arreglo a la normativa contable, con independencia de la fecha de su pago o de su cobro y respetando la debida correlación entre unos y otros.

Por lo tanto, el criterio general de imputación de ingresos y gastos a efectos fiscales viene dado por el principio de devengo, lo que **coincidiría con el criterio contable** derivado del artículo 38.d) del Código de Comercio. No en vano, dicho precepto señala que los gastos e ingresos que afecten al ejercicio al que las cuentas anuales se refieran se imputarán al mismo, con independencia de la fecha de su pago o de su cobro. A su vez, el apartado 2 de la norma 3.ª del marco conceptual de la contabilidad del Real Decreto 1514/2007, de 16 de noviembre, por el que se aprueba el Plan General de Contabilidad (en adelante, PGC), recoge también este mismo criterio, indicando que «los efectos de las transacciones o hechos económicos se registrarán cuando ocurran, imputándose al ejercicio al que las cuentas anuales se refieran, los gastos y los ingresos que afecten al mismo, con independencia de la fecha de su pago o de su cobro». Principio que se recoge también, y en idénticos términos, en el precepto correlativo del Real Decreto 1515/2007, de 16 de noviembre, por el que se aprueba el Plan General de Contabilidad de Pequeñas y Medianas Empresas y los criterios contables específicos para microempresas (en adelante, PGC PYMES).

A TENER EN CUENTA. La eficacia fiscal de los criterios de imputación temporal de ingresos y gastos distintos del de devengo, utilizados excepcionalmente por el contribuyente para conseguir la imagen fiel del patrimonio, de la situación financiera y de los resultados, de acuerdo con lo previsto en los artículos 34.4 y 38.i) del Código de Comercio, estará supeditada a la aprobación por la Administración tributaria. El desarrollo reglamentario de este precepto se contiene en los artículos 1 y 2 del RIS.

Con todo, lo cierto es que el artículo 11 de la LIS recoge asimismo determinadas **reglas especiales** para la imputación temporal de ingresos y gastos en el Impuesto sobre Sociedades, de entre las cuales cabría destacar las siguientes:

- Los **ingresos y los gastos** imputados contablemente en la cuenta de pérdidas y ganancias o en una cuenta de reservas en un período impositivo distinto de aquel en el que proceda su imputación temporal, se imputarán en el período impositivo que corresponda de acuerdo con las reglas antes señaladas. No obstante, tratándose de gastos imputados contablemente en dichas cuentas en un período impositivo posterior a aquel en el que proceda su imputación temporal o de ingresos imputados en las mismas en un período impositivo anterior, la imputación temporal de unos y otros se efectuará en el período impositivo en el que se haya realizado la imputación contable, siempre que de ello no se derive una tributación inferior a la que hubiere correspondido por aplicación de las normas de imputación temporal prevista en los apartados anteriores.

  En este sentido, cabe destacar la **sentencia del Tribunal Supremo n.º 518/2024, de 22 de marzo, ECLI:ES:TS:2024:1625**, que se ha pronunciado sobre los requisitos que se derivan del artículo 11 de la LIS para admitir la deducibilidad de un gasto contabilizado en un ejercicio posterior al de su devengo. En particular, se ha planteado si la prescripción del derecho a solicitar la rectificación de la autoliquidación constituye un límite a la deducibilidad del gasto o si el único límite establecido por el legislador para la deducción del gasto en tales casos es que no se origine una menor tributación. A juicio de la Sala, el artículo 11 de la LIS no establece como requisito adicional que el ejercicio en el que debe imputarse el gasto (conforme a la regla general del devengo) no se encuentre prescrito. Así las cosas, el Tribunal Supremo fija como criterio interpretativo que «a los efectos del artículo 11 de la Ley 27/2014, de 27 de noviembre, del Impuesto sobre Sociedades, **procede deducir un gasto contabilizado de forma incorrecta en un ejercicio posterior al de su devengo, con arreglo a la normativa contable**, siempre que la imputación del gasto en el ejercicio posterior **no comporte una menor tributación, respecto de la que hubiera correspondido por aplicación de la normativa general de imputación temporal, pese a que el ejercicio en el que se devengó el referido gasto se encontrase prescrito»**.

- **Supuesto de cambio de criterios contables.** Los cargos o abonos a partidas de reservas, registrados como consecuencia de cambios de criterios contables, se integrarán en la base imponible del período impositivo en que los mismos se realicen. No obstante, no se integrarán en la base imponible los referidos cargos y abonos a reservas que estén relacionados con ingresos o gastos, respectivamente, devengados y contabilizados de acuerdo con los criterios contables existentes en los períodos impositivos anteriores, siempre que se hubiesen integrado en la base imponible de dichos períodos. Tampoco se integrarán en la base imponible esos gastos e ingresos contabilizados de nuevo con ocasión de su devengo, de acuerdo con el cambio de criterio contable.

- **Operaciones a plazos o con precio aplazado** (aquellas cuya contraprestación sea exigible, total o parcialmente, mediante pagos sucesivos o mediante un solo pago, siempre que el período entre el devengo y el vencimiento del último o único plazo sea superior al año). Las rentas se entenderán obtenidas proporcionalmente a medida que sean exigibles los correspondientes cobros, excepto que la entidad decida aplicar el criterio del devengo. En caso de producirse el endoso, descuento o cobro anticipado de los importes aplazados, se entenderá obtenida, en dicho momento, la renta pendiente de imputación. Por otra parte, no resultará fiscalmente deducible el deterioro de valor de los créditos respecto de aquel importe que no haya sido objeto de integración en la base imponible por aplicación del criterio establecido en este punto, hasta que esta se realice.

- **Reversión de gastos no fiscalmente deducibles.** No se integrará en la base imponible la reversión de gastos que no hayan sido fiscalmente deducibles.

- **Reversión de un deterioro o corrección de valor fiscalmente deducible.** La reversión de un deterioro o corrección de valor que haya sido fiscalmente deducible se imputará en la base imponible del período impositivo en el que se haya producido dicha reversión, sea en la entidad que practicó la corrección o en otra vinculada con ella. La misma regla se aplicará en el supuesto de pérdidas derivadas de la transmisión de elementos patrimoniales que hubieren sido nuevamente adquiridos.

- **Eliminación de provisiones por no haberse aplicado a su finalidad.** Cuando se eliminen provisiones, por no haberse aplicado a su finalidad, sin abono a una cuenta de ingresos del ejercicio, su importe se integrará en la base imponible de la entidad que las hubiese dotado, en la medida en que dicha dotación se hubiese considerado gasto deducible.

- **Entidad beneficiaria o con derecho de rescate de seguros de vida en los que, además, asuma el riesgo de inversión.** Integrará en todo caso en la base imponible la diferencia entre el valor liquidativo de los activos afectos a la póliza al final y al comienzo de cada período impositivo. Sin embargo, esta regla no se aplicará a los seguros que instrumenten compromisos por pensiones asumidos por las empresas en los términos previstos en la disposición adicional primera del Real Decreto Legislativo 1/2002, de 29 de noviembre, y en su normativa de desarrollo. El importe de las rentas imputadas minorará el rendimiento derivado de la percepción de cantidades de los contratos.

- **Rentas negativas generadas en la transmisión de elementos del inmovilizado material, inversiones inmobiliarias, inmovilizado intangible y valores representativos de deuda, cuando el adquirente sea una entidad del grupo, conforme a los criterios del artículo 42 del Código de Comercio, con independencia de la residencia y de la obligación de formular cuentas anuales consolidadas.** Se imputarán en el período impositivo en que dichos elementos sean dados de baja en el balance de la entidad adquirente, sean transmitidos a terceros ajenos al referido grupo de sociedades, o bien cuando la entidad transmitente o la adquirente dejen de formar parte del mismo. Ahora bien, en el caso de elementos patrimoniales amortizables, las rentas negativas se integrarán, con carácter previo a dichas circunstancias, en los períodos impositivos que restaran de vida útil a los elementos transmitidos, en función del método de amortización utilizado respecto de los referidos elementos.

- **Rentas negativas derivadas de la transmisión de valores representativos de la participación en el capital o en los fondos propios de entidades, cuando el adquirente sea una entidad del mismo grupo de sociedades, conforme a los criterios del artículo 42 del Código de Comercio, con independencia de la residencia y de la obligación de formular cuentas anuales consolidadas.** Se imputarán en el período impositivo en que dichos elementos patrimoniales sean transmitidos a terceros ajenos al referido grupo de sociedades, o bien cuando la entidad transmitente o la adquirente dejen de formar parte del mismo, minoradas en el importe de las rentas positivas obtenidas en dicha transmisión a terceros, siempre que, respecto de los valores transmitidos, se den las siguientes circunstancias:

  - Que, en ningún momento durante el año anterior al día en que se produzca la transmisión, se cumpla el requisito establecido en el artículo 21.1.a) de la LIS.

  - Y que, en caso de participación en el capital o en los fondos propios de entidades no residentes en territorio español, en el período impositivo en el que se produzca la transmisión se cumpla el requisito establecido en el artículo 21.1.b) de la LIS.

  El criterio señalado en este apartado resultará de aplicación en el supuesto de transmisión de participaciones en una unión temporal de empresas o en formas de colaboración análogas a estas situadas en el extranjero; sin embargo, no se aplicará en el caso de extinción de la entidad participada, salvo que la misma sea consecuencia de una operación de reestructuración o se continúe en el ejercicio de la actividad bajo cualquier otra forma jurídica.

- **Dotaciones por deterioro de créditos u otros activos por posibles insolvencias de los deudores.** Las dotaciones por deterioro de los créditos u otros activos derivadas de las posibles insolvencias de los deudores no vinculados con el contribuyente, no adeudados por entidades de derecho público y cuya deducibilidad no se produzca por aplicación del artículo 13.1.a) de la LIS, así como los derivados de la aplicación de los apartados 1 y 2 del artículo 14 de la LIS, correspondientes a dotaciones o aportaciones a sistemas de previsión social y, en su caso, prejubilación, que hayan generado activos por impuesto diferido, a los que resulte de aplicación el derecho establecido en el artículo 130 de la LIS, se integrarán en la base imponible de acuerdo con lo establecido en la LIS, con el límite del 70 % de la base imponible positiva previa a su integración, a la aplicación de la reserva de capitalización establecida en el artículo 25 de la LIS y a la compensación de bases imponibles negativas. Las cantidades no integradas en un período impositivo serán objeto de integración en los períodos impositivos siguientes con el mismo límite; integrándose a estos efectos, en primer lugar, las dotaciones correspondientes a los períodos impositivos más antiguos. Si en un período impositivo se hubieran efectuado dotaciones por deterioro de los créditos u otros activos derivadas de las posibles insolvencias de los deudores no vinculados con el contribuyente, no adeudados por entidades de derecho público y cuya deducibilidad no se produzca por aplicación de lo dispuesto en el artículo 13.1.a) de la LIS, así como los derivados de la aplicación de los apartados 1 y 2 del artículo 14 de la LIS, correspondientes a dotaciones o aportaciones a sistemas de previsión social y, en su caso, prejubilación, que hayan generado activos por impuesto diferido, y el derecho establecido en el artículo 130 de la LIS resultara de aplicación solo a una parte de los mismos, se integrarán en la base imponible, en primer lugar, aquellas dotaciones correspondientes a los activos a los que no resulte de aplicación el referido derecho.

- **Ingreso correspondiente al registro contable de quitas y esperas consecuencia de la normativa concursal.** Se imputará en la base imponible del deudor a medida que proceda registrar con posterioridad gastos financieros derivados de la misma deuda y hasta el límite del citado ingreso. Sin embargo, en el caso de que el importe del ingreso anterior sea superior al importe total de gastos financieros pendientes de registrar, derivados de la misma deuda, la imputación de aquel en la base imponible se realizará proporcionalmente a los gastos financieros registrados en cada período impositivo respecto de los gastos financieros totales pendientes de registrar derivados de la misma deuda.

RESOLUCIONES RELEVANTES

Sentencia del Tribunal Supremo n.º 518/2024, de 22 de marzo, ECLI:ES:TS:2024:1625

Asunto: el principio de devengo como criterio de imputación temporal de los gastos e ingresos.

«El acuerdo de liquidación se fundamentó en las siguientes consideraciones: "[...] Respecto al gasto que pretende registrar la entidad en el ejercicio 2016 correspondiente a gastos del ejercicio 2009, en la medida en que la corrección del mencionado error contable determina el registro contable de un gasto en un periodo impositivo posterior a aquel en el que hubiera procedido su imputación temporal con arreglo al principio de devengo, en virtud de lo dispuesto en el artículo 11.1 de la LIS: 'los ingresos y gastos derivados de las transacciones o hechos económicos se imputarán al período impositivo en que se produzca su devengo, con arreglo a la normativa contable, con independencia de la fecha de su pago o de su cobro, respetando la debida

correlación entre unos y otros', la imputación contable de dicho gasto, conforme al artículo 11.3 de la LIS, se integrará en la base imponible del ejercicio 2016, siempre que de ello no se derive una tributación inferior a la que hubiera correspondido por aplicación de la norma general de imputación temporal (...)

5.- A estos efectos, de la normativa transcrita resulta que, como regla general, el gasto debe imputarse al período impositivo en que se produzca su devengo con arreglo a la normativa contable y con independencia de la fecha de su pago o de su cobro (art 11.1 LIS).

No obstante, esta regla cede en los casos en los que la imputación contable del gasto se haya producido en un período impositivo posterior a aquel en el que procedería su imputación temporal conforme a la regla general, siempre que no implique una menor tributación (art 11.3.1 LIS)».

Sentencia del Tribunal Supremo n.º 200/2024, de 6 de febrero, ECLI:ES:TS:2024:486

Asunto: imputación temporal en IS de la devolución de un tributo por contrario al derecho de la UE.

«La devolución de un tributo efectuada por la Administración tributaria como consecuencia de ser contrario al Derecho de la Unión Europea debe imputarse temporalmente en la base imponible del Impuesto sobre Sociedades del ejercicio en que se produjo el pago del tributo en cuestión».

CUESTIÓN

Una entidad contribuyente por el IS formaliza cada año un contrato de publicidad para incluir un anuncio en una determinada publicación. Recibe la factura en el año anterior a aquel en el que se publica el anuncio. ¿Cómo tendrá que imputar temporalmente ese gasto?

El criterio de imputación temporal a efectos fiscales es el principio de devengo, tal y como señala el artículo 11.1 de la LIS, en virtud del cual los ingresos y gastos derivados de las transacciones económicas se imputan al período impositivo en el que se produzcan, esto es, atendiendo a la corriente real de los bienes y servicios que los ingresos y gastos representan. Por lo tanto, el gasto indicado deberá imputarse temporalmente en el período impositivo en el que se recibe el correspondiente servicio (aquel en el que se publica el anuncio correspondiente). En este sentido se ha pronunciado la Dirección General de Tributos en su consulta vinculante (V1696-19), de 9 de julio de 2019.

1.2. Criterio general de inscripción contable

Todo gasto fiscal antes tuvo que ser adecuadamente contabilizado, es decir, tuvo que recogerse de manera fiel en la contabilidad del contribuyente. No en vano, el artículo 11.3.1.º de la LIS señala lo siguiente:

«3. 1.º No serán fiscalmente deducibles los gastos que no se hayan imputado contablemente en la cuenta de pérdidas y ganancias o en una cuenta de reservas si así lo establece una norma legal o reglamentaria, a excepción de lo previsto en esta Ley respecto de los elementos patrimoniales que puedan amortizarse libremente o de forma acelerada.
(...)».

De ahí la relevancia que la contabilidad tiene a los efectos del Impuesto sobre Sociedades, tal y como consagra explícitamente el artículo 120.1 de la LIS, a cuyo tenor:

> «1. Los contribuyentes de este Impuesto deberán llevar su contabilidad de acuerdo con lo previsto en el Código de Comercio o con lo establecido en las normas por las que se rigen.
>
> En todo caso, los contribuyentes a que se refiere el Capítulo XIV del Título VII de esta Ley llevarán su contabilidad de tal forma que permita identificar los ingresos y gastos correspondientes a las rentas exentas y no exentas».

Y es que, en general, puede decirse que el desarrollo de una actividad económica en territorio español supone, asimismo, la obligación de llevar una contabilidad ordenada, adecuada a la actividad y que permita un seguimiento cronológico de todas sus operaciones, en los términos que se regulan en los artículos 25 y siguientes del Código de Comercio. Una normativa que, a su vez, encuentra su desarrollo en el Real Decreto 1514/2007, de 16 de noviembre, por el que se aprueba el Plan General de Contabilidad (PGC) y el Real Decreto 1515/2007, de 16 de noviembre, por el que se aprueba el Plan General de Contabilidad de Pequeñas y Medianas Empresas y los criterios contables específicos para microempresas (PGC PYMES).

Sin embargo, conviene no olvidar que el hecho de que un cierto gasto haya sido adecuadamente contabilizado por la sociedad no determina, per se, que pueda ser objeto de deducción en el IS. Dicho de otro modo: **la inscripción contable de un gasto es un requisito necesario para su deducibilidad, pero no suficiente.**

RESOLUCIÓN RELEVANTE

Sentencia de la Audiencia Nacional, recurso n.º 322/2019, de 4 de febrero de 2022, ECLI:ES:AN:2022:808

Asunto: la inscripción contable como requisito general necesario para la deducibilidad de los gastos en el IS.

«(...) para que un gasto sea fiscalmente deducible no basta con su devengo, sino que además es preciso que se contabilice —principio de inscripción contable—. El art 11.3 del TRLIS es muy claro al indicar que "no serán fiscalmente deducibles los gastos que no se hayan imputado contablemente en la cuenta de pérdidas y ganancias o en una cuenta de reservas si así lo establece una norma legal o reglamentaria".

En el caso que enjuiciamos es claro que ni se contabilizaron ni se declararon los gastos en el ejercicio 2007, por lo que fiscalmente no eran deducibles —STS de 19 de enero de 2012 (Rec. 1820/2019)— en dicho ejercicio. Por lo demás, tampoco discuten las partes que estamos ante un error contable, tal y como exige la STS de 26 de junio de 2013 (Rec. 451/2011), para la aplicación del art 11.3 TRLIS».

1.3. Criterio general de correlación de ingresos y gastos

Un gasto contable, para ser considerado tal, debe **ser realizado para la obtención de ingresos** o, lo que es lo mismo, debe estar correlacionado con los ingresos. Se trata de un principio contable básico que se traslada, también y con carácter general, al ámbito de los gastos deducibles. No en vano, según apuntó el Tribunal Supremo en su sentencia n.º 458/2021, de 30 de marzo, ECLI:ES:TS:2021:1233:

> «(...) si la base imponible del Impuesto sobre Sociedades tiene como base el resultado contable de la entidad, **los gastos contabilizados necesariamente sólo pueden ser aquellos realizados para la obtención de ingresos, por lo que, en principio, sólo pueden considerarse como gastos deducibles fiscalmente los correlacionados con los ingresos, sin perjuicio de las correcciones fiscales** que procedan conforme a las normas desarrolladas en el expresado Título IV. Un gasto no contable, por ende, no puede ser gasto fiscalmente deducible; el gasto contable es el presupuesto primero e indispensable para identificar un gasto fiscalmente deducible».

A mayor abundamiento, cabe señalar que **la relación entre gastos e ingresos podría ser directa o indirecta, agotándose en el momento de la realización de una concreta operación o proyectándose de futuro.** En tal sentido, la sentencia del Tribunal Supremo n.º 950/2022, de 6 de julio, ECLI:ES:TS:2022:3077, establece lo siguiente:

> «En el binomio de gastos-ingresos, a partir de nuestra sentencia de 8 de febrero de 2021, rec. cas. 3071/2019, ECLI, hemos acogido, "'como criterio más amplio', objeto de las matizaciones que en cada caso sean necesarias, que también puede ser gasto deducible el que está correlacionado con la propia actividad económica empresarial, en tanto que, en general, resulta incontrovertible su vinculación con los ingresos...", advirtiendo, además, que "[...] si bien no existe una regulación precisa sobre qué ha de entenderse por correlación entre ingresos y gastos, unos y otros conforman la gestión financiera de la actividad empresarial que como tal se proyecta, habitualmente, mediante la realización de un conjunto de acciones dirigidas a la obtención de un mejor resultado, lo que justifica que la relación entre gastos e ingresos pueda ser tanto directa como indirecta, agotándose en el momento de la realización de una concreta operación o proyectándose de futuro....."».

Sea como fuere, lo cierto es que la correlación entre ingresos y gastos, como requisito para la deducibilidad fiscal de estos últimos, es una cuestión que genera una amplia litigiosidad entre contribuyente y Administración tributaria. Su existencia, en principio, es una cuestión de hecho que tendrá que analizarse caso por caso.

RESOLUCIÓN RELEVANTE

Sentencia del Tribunal Supremo n.º 1605/2022, de 1 de diciembre, ECLI:ES:TS:2022:4476

Asunto: la correlación entre gastos e ingresos no debe concebirse como la existente entre una determinada operación o proyecto que tienda a reportar un ingreso también singularizado, sino que puede valorarse en relación con el conjunto de la gestión económica de la sociedad.

«(...) lo relevante es analizar el principio de correlación entre gastos y los ingresos de la sociedad en términos generales (...). Y en este ámbito más general, no cabe concebir esta correlación como la existente entre una determinada operación o proyecto que tienda a reportar un ingreso también singularizado, sino con el conjunto de la gestión económica de la sociedad. Como hemos precisado en nuestra STS de 30 de marzo de 2021, cit., "[...] si bien no existe una regulación precisa sobre qué ha de entenderse por correlación entre ingresos y gastos, unos y otros conforman la gestión financiera de la actividad empresarial que como tal se proyecta, habitualmente, mediante la realización de un conjunto de acciones dirigidas a la obtención de un mejor resultado, lo que justifica que la relación entre gastos e ingresos pueda ser tanto directa como indirecta, agotándose en el momento de la realización de una concreta operación o proyectándose de futuro [...] y con cita a su vez de nuestra STS de 8 de febrero de 2021 (rec. cas. 3071/2019), sobre deducibilidad de los intereses de demora [....] no vemos que los intereses de demora no estén correlacionados con los ingresos; están conectados con el ejercicio de la actividad empresarial y, por tanto, serán deducibles [...]". Por ello, y desde esta perspectiva más amplia, hemos afirmado en la STS de 30 de marzo de 2021, cit. que esta correlación de los gastos con el ejercicio de la actividad empresarial es una noción que "[...] no existe inconveniente en acoger, como criterio más amplio, objeto de las matizaciones que en cada caso sean necesarias, que también puede ser gasto deducible el que está correlacionado con la propia actividad económica empresarial, en tanto que, en general, resulta incontrovertible su vinculación con los ingresos. Cabe añadir que los ciclos económicos de las empresas no tienen por qué coincidir con el período impositivo del gravamen que nos ocupa, de suerte que no son extrañas operaciones empresariales cuyo resultado económico exceden del período de imputación en el impuesto sobre sociedades, sin que por ello se le pueda negar su condición, en su caso, de gasto deducible en el período de imputación que corresponda cuando existe la correlación con la actividad económica empresarial. [...]" (FD 2)».

CUESTIÓN

Dos cónyuges son socios por mitades y administradores de una sociedad de responsabilidad limitada dedicada al sector textil. Ambos tienen fijada una retribución en los estatutos por sus funciones como administradores y, paralelamente, también cobran una nómina por los servicios que efectivamente prestan en el seno de la entidad. En agosto de 2024 viajaron a las Islas Canarias y la sociedad corrió con todos los gastos. Ahora tienen intención de deducirse esos importes (vuelo, alojamiento, etc.) en la declaración del IS de la sociedad, alegando que el viaje se efectuó en el marco de la actividad de la empresa. ¿Proceden adecuadamente si lo hacen?

Para que los gastos del viaje sean deducibles, será necesario que se acredite que efectivamente estaba relacionado con la actividad de la empresa (por ejemplo, por tratarse de la asistencia a un congreso del sector o estar de otro modo relacionado con su actividad). Sin embargo, además de la correlación con los ingresos, para la deducibilidad del gasto también será necesario el cumplimiento de los requisitos legales en términos de inscripción contable, adecuada imputación temporal y justificación documental; y que el mismo no se califique como no deducible por algún precepto de la LIS.

1.4. Gasto contable-gasto fiscal

El gasto fiscalmente deducible se obtiene corrigiendo el resultado contable, calculado según las normas contables, a través de la aplicación de las normas tributarias; de modo que el **gasto contable es el presupuesto primero e indispensable para identificar un gasto fiscalmente deducible.** El gasto contable responde a su naturaleza económica y viene dado en función de las normas y los principios contables que resulten de aplicación, con independencia de las normas tributarias; mientras que el gasto fiscalmente deducible viene dado por la corrección del resultado contable a través de la aplicación de las normas tributarias.

En consecuencia, y siguiendo la doctrina del Tribunal Supremo, cabe extraer dos conclusiones:

- **Un gasto no contable no puede ser fiscalmente deducible.**

- **No todo gasto contable es gasto deducible.** Esto solo ocurrirá (es decir, el gasto contable será gasto deducible a efectos tributarios) cuando no haya de corregirse por las normas fiscales.

Así se reconoce, por ejemplo, en las sentencias del Tribunal Supremo n.º 950/2022, de 6 de julio, ECLI:ES:TS:2022:3077, y n.º 961/2022, de 11 de julio, ECLI:ES:TS:2022:2851, cuando indican:

> «(...) dado que el ordenamiento jurídico proporciona una definición en negativo o excluyente de lo que son gastos deducibles, ya que se centra en los "no deducibles" (art 14 TRLIS), la regla general debe ser la de la deducibilidad del gasto, sin perjuicio de las salvedades o excepciones que, en cada caso, se establezcan. En definitiva, **las premisas para delimitar la noción de gasto deducible en el Impuesto sobre Sociedades deben construirse sobre la base de la regla general (deducibilidad) / excepción (no deducibilidad)**, atendiendo al espíritu y finalidad perseguida por la norma jurídica.
>
> No es dable, bajo ningún concepto, invertir la secuencia para justificar el rechazo a la deducción. De entrada, la no admisión de la deducción habrá de basarse en un precepto legal, no sólo por lo que se acaba de exponer sino porque así lo exige el artículo 8. d) LGT. En esta línea, se descubre sin dificultad que, el intérprete de la norma tributaria habrá de ser especialmente cauteloso a la hora de delimitar el carácter deducible de un gasto sobre la base de la calificación jurídica (art 13 LGT), conforme hemos alertado con anterioridad.
>
> En suma, no cabe suscribir interpretaciones, forzando la calificación jurídica de los hechos».

2.
CRITERIOS GENERALES CON RESPECTO A LA JUSTIFICACIÓN DEL GASTO

Para que un gasto sea deducible en el Impuesto sobre Sociedades será necesario que se cumplan los siguientes requisitos generales:

- Que esté correlacionado con los ingresos.
- Que se halle debidamente contabilizado.
- Que se haya imputado temporalmente de manera correcta.
- Que no se trate de gastos no deducibles conforme a la normativa fiscal (artículo 15 de la LIS).

Pero además dicho gasto debe estar debidamente justificado. La justificación será doble, por un lado, deberá conservarse la documentación acreditativa del gasto a efectos formales y, en segundo lugar, deberá acreditarse que el gasto se corresponde con la actividad económica desarrollada.

2.1. Acreditación formal del gasto

El artículo 120 de la LIS exige a los contribuyentes de dicho impuesto la llevanza de su contabilidad de acuerdo con lo previsto en el Código de Comercio o con lo establecido en las normas por las que se rigen.

Por su parte, el artículo 29 de la LGT, señala que son obligaciones tributarias formales las que, sin tener carácter pecuniario, son impuestas por la normativa tributaria o aduanera a los obligados tributarios, deudores o no del tributo, y cuyo cumplimiento está relacionado con el desarrollo de actuaciones o procedimientos tributarios o aduaneros.

Entre estas obligaciones formales, las letras d), e) y f) del artículo 29.2 de la LGT imponen a los sujetos pasivos:

«d) **La obligación de llevar y conservar libros de contabilidad y registros**, así como los programas, ficheros y archivos informáticos que les sirvan de soporte y los sistemas de codificación utilizados que permitan la interpretación de los datos cuando la obligación se cumpla con utilización de sistemas informáticos. Se deberá facilitar la conversión de dichos datos a formato legible cuando la lectura o interpretación de los mismos no fuera posible por estar encriptados o codificados.

En todo caso, los obligados tributarios que deban presentar autoliquidaciones o declaraciones por medios telemáticos deberán conservar copia de los programas, ficheros y archivos generados que contengan los datos originarios de los que deriven los estados contables y las autoliquidaciones o declaraciones presentadas.

e) **La obligación de expedir y entregar facturas o documentos sustitutivos y conservar las facturas, documentos y justificantes que tengan relación con sus obligaciones tributarias.**

f) **La obligación de aportar a la Administración tributaria libros, registros, documentos o información** que el obligado tributario deba conservar en relación con el cumplimiento de las obligaciones tributarias propias o de terceros, así como cualquier dato, informe, antecedente y justificante con trascendencia tributaria, a requerimiento de la Administración o en declaraciones periódicas. Cuando la información exigida se conserve en soporte informático deberá suministrarse en dicho soporte cuando así fuese requerido».

De forma más concreta, el artículo 106.4 de la LGT, en relación con los medios y la valoración de la prueba, señala:

«4. Los **gastos deducibles y las deducciones** que se practiquen, **cuando estén originados por operaciones realizadas por empresarios o profesionales, deberán justificarse, de forma prioritaria, mediante la factura** entregada por el empresario o profesional que haya realizado la correspondiente operación que cumpla los requisitos señalados en la normativa tributaria.

Sin perjuicio de lo anterior, la factura no constituye un medio de prueba privilegiado respecto de la existencia de las operaciones, por lo que una vez que la Administración cuestiona fundamentalmente su efectividad, corresponde al obligado tributario aportar pruebas sobre la realidad de las operaciones».

Así las cosas, la justificación de cualquier gasto deducible tendrá que realizarse de manera prioritaria a través de la aportación de la factura original expedida por el proveedor. Sin embargo, dicha factura no constituye un mecanismo de prueba privilegiado, por lo que la Administración puede cuestionar su integridad y veracidad, caso en que el obligado tendrá que aportar las pruebas necesarias para acreditar la realidad de las operaciones en cuestión. Tal y como se recoge, entre otras, en la consulta vinculante de la Dirección General de Tributos (V0083-24), de 15 de febrero, en nuestro ordenamiento jurídico rige el principio general de valoración libre y conjunta de las pruebas, descartándose como principio general el sistema de prueba legal o tasada.

En este sentido, el artículo 105 de la LGT establece:

«1. En los procedimientos de aplicación de los tributos quien haga valer su derecho deberá probar los hechos constitutivos del mismo.

2. Los obligados tributarios cumplirán su deber de probar si designan de modo concreto los elementos de prueba en poder de la Administración tributaria».

Por tanto, corresponde al contribuyente que pretende deducirse el gasto acreditar el mismo. Prioritariamente, como hemos señalado, ha de hacerlo a través de la correspondiente factura, pero también podrá hacerlo con cualquier otro medio de prueba válido en derecho.

RESOLUCIÓN ADMINISTRATIVA

Consulta vinculante de la Dirección General de Tributos (V1998-23), de 11 de julio de 2023

Asunto: requisitos generales para la deducibilidad de gastos en el IS con especial referencia a la justificación documental por medios diferentes de la factura.

«(...) todo gasto contable será gasto fiscalmente deducible, a efectos del Impuesto sobre Sociedades, siempre que cumpla las condiciones legalmente establecidas en términos de inscripción contable, imputación con arreglo a devengo y justificación documental, y en la medida en que no tenga la consideración de gasto fiscalmente no deducible por aplicación de algún precepto específico establecido en la normativa del Impuesto.

En relación con la justificación documental del gasto, se trata de una cuestión de hecho que deberá acreditarse por cualquier medio admitido en Derecho, por lo que deberá tenerse en cuenta lo dispuesto en materia de prueba en la sección 2.ª del Capítulo II del Título III de la Ley 58/2003, de 17 de diciembre, General Tributaria. En particular, habrá que estar a lo señalado en su artículo 106.1, el cual establece que "en los procedimientos tributarios serán de aplicación las normas que sobre medios y valoración de prueba se contienen en el Código Civil y en la Ley 1/2000, de 7 de enero, de Enjuiciamiento Civil, salvo que la ley establezca otra cosa" y en el artículo 105.1 que, en relación con la carga de la prueba, establece que "en los procedimientos de aplicación de los tributos quien haga valer su derecho deberá probar los hechos constitutivos del mismo".

En cuanto a la valoración de las pruebas, hay que señalar que en nuestro ordenamiento jurídico rige el principio general de valoración libre y conjunta de todas las pruebas aportadas, quedando descartado como principio general el sistema de prueba legal o tasada.

En cualquier caso, la valoración concreta de la justificación documental del gasto es una cuestión de hecho, que corresponderá efectuar a los órganos competentes de la Administración tributaria en materia de comprobación y no a este Centro Directivo».

2.2. Acreditación sustantiva del gasto

Como señalábamos en el epígrafe anterior, es el contribuyente que pretende deducirse un gasto, quien debe acreditar el mismo, siendo la forma prioritaria la factura. No obstante, el artículo 106.4 de la LGT también prevé que, si la Administración cuestiona la realidad de dicha factura, corresponde al contribuyente acreditar la realidad de las operaciones en cuestión.

En este sentido se pronuncia el Tribunal Supremo, por ejemplo, en sentencia con recurso n.º 2859/2013, de 12 de febrero de 2015, ECLI:ES:TS:2015:527, en la que sostiene:

«(...) **negada por la Administración la realidad de la prestación del servicio remunerada con las facturas cuyo importe pretende ser objeto de deducción, corresponde a la entidad recurrente demostrar dicha realidad** (...)

En efecto, en el siempre difícil equilibrio en que ha de mantenerse la carga de la prueba, la jurisprudencia ha venido interpretando el artículo 114 de la Ley General Tributaria de 1963 ("Tanto en el procedimiento de gestión como en el de resolución de reclamaciones, quien haga valer su derecho deberá probar los hechos normalmente constitutivos del mismo"), equivalente del 105.1 de la Ley 58/2003, en el sentido de que, normalmente, la Administración ha de probar la existencia del hecho imponible y de los elementos que sirvan para cuantificarlos y el particular los hechos que le beneficien como los constitutivos de exenciones y beneficios fiscales, los no sujetos, etc.... En este sentido, se han pronunciado entre otra, las Sentencias de 23 de enero de 2008 (recurso de casación para la unificación de doctrina 95/2003 FD Cuarto), 16 de octubre de 2008 (recurso de casación 9223/2004 FD Quinto), 1 marzo de 2012 (recursos de casación 2827/2008 y 2834 / 2008 FD Quinto) y 16 de junio de 2011(recurso de casación. 4029/2008 FD Tercero)».

Debe acreditarse no solo que se ha emitido factura, sino que se han realizado esos gastos, y que los mismos se corresponden con la actividad. Así, en la sentencia del Tribunal Supremo en recurso n.º 3171/2005, de 10 de septiembre de 2009, ECLI:ES:TS:2009:6712, se indica:

«En el ámbito del Impuesto sobre Sociedades, para que un gasto tenga el carácter de deducible fiscalmente, aparte de tener que cumplir el requisito de ser necesario para la obtención de los rendimientos, según se establece en el art. 13 de la Ley 61/78, de 27 de diciembre, debe cumplir asimismo el requisito de la efectividad, es decir, que el gasto se ha producido, esté contabilizado y sea justificado o justificable. Así, el art. 37.4 del Reglamento del Impuesto sobre Sociedades dispone que "toda anotación contable deberá quedar justificada documentalmente de modo suficiente...". En consecuencia, el sujeto pasivo tiene que probar que el gasto se ha realizado efectivamente, aportando justificación de la realidad del mismo y, en definitiva, de la realidad de los servicios prestados.

En el caso presente, para el Tribunal de instancia no ha resultado acreditado la realidad de los servicios prestados por las sociedades Gestión y Asesoramiento S.R.L. e INTERDEALING S.A. al no constituir prueba suficiente de la realidad de los servicios prestados las copias de las facturas y de los extractos bancarios aportados, pues las facturas tan solo acreditan el resultado de las operaciones efectuadas por Formación y Consultoría con sus clientes pero no con sus proveedores y lo que aquí se cuestiona no es la realidad de los pagos efectuados por ALCATEL ESPAÑA a la entidad Formación y Consultoría S.A. en virtud de las facturas emitidas por ésta, sino la realidad de los servicios prestados por las entidades Gestión y Asesoramiento S.R.L. e INTERDEALING.

La falta de justificación documental que demostrase en vía económica-administrativa la realidad efectiva del servicio prestado no ha sido enervada, a juicio de la Sala de instancia, por medio de una prueba sólida que avalara la tesis de la recurrente.

Aquí no se dilucida si las facturas emitidas eran o no falsas, sino la realidad de los servicios que se reflejan en las facturas aportadas y, a juicio de la sentencia recurrida, **no ha quedado demostrado que respondan a un intercambio real de productos o servicios determinantes de un gasto y, en consecuencia, de la deducción controvertida.**

Debe reiterarse aquí, como en el motivo anterior, que en vía casacional no es admisible el error de hecho en la apreciación de la prueba. No quedó demostrado en la instancia que las facturas correspondiesen a un intercambio real de productos o servicios que determinaran un gasto deducible, sin que ahora quepa invertir la carga probatoria, como se pretende (...)».

De lo expuesto en la sentencia, podemos concluir que no solo es necesario que el gasto esté contabilizado y exista la correspondiente factura, sino que se debe poder acreditar que esa factura se corresponde con un gasto real. Que realmente se ha producido la contraprestación que se pretende deducir y que dicho gasto está vinculado con la actividad. Para ello se podrá utilizar cualquier medio de prueba válido en derecho.

El Tribunal Supremo, se ha pronunciado, en la sentencia n.º 734/2024, de 30 de abril, ECLI:ES:TS:2024:2433, señalando:

«En el binomio de gastos-ingresos, a partir de nuestra sentencia de 8 de febrero de 2021, rec. cas. 3071/2019, ECLI, hemos acogido, "como criterio más amplio", objeto de las matizaciones que en cada caso sean necesarias, que también puede ser gasto deducible el que está correlacionado con la propia actividad económica empresarial, en tanto que, en general, resulta incontrovertible su vinculación con los ingresos . . . ", advirtiendo, además, que "[...] si bien no existe una regulación precisa sobre qué ha de entenderse por correlación entre ingresos y gastos, unos y otros conforman la gestión financiera de la actividad empresarial que como tal se proyecta, habitualmente, mediante la realización de un conjunto de acciones dirigidas a la obtención de un mejor resultado, lo que justifica que **la relación entre gastos e ingresos pueda ser tanto directa como indirecta, agotándose en el momento de la realización de una concreta operación o proyectándose de futuro**....".».

Así, el Tribunal Supremo amplía el criterio mantenido por la AEAT, permitiendo que la correlación entre gastos e ingresos pueda ser directa o indirecta, y presente o futura.

RESOLUCIÓN RELEVANTE

Sentencia de la Audiencia Nacional en recurso n.º 328/2018, de 5 septiembre de 2022, ECLI:ES:AN:2022:4143

Asunto: deducibilidad de gastos en el Impuesto sobre Sociedades.

«F.1.- Gastos en viajes.

Razona la Inspección que se han considerado como no deducibles gastos por un importe de 4.434.582,15 € en 2009 y 656.205,52 € en 2010 por las siguientes razones:

"En primer lugar los proyectos que desarrollan las empresas del grupo Eurofinsa son ejecutados materialmente por subcontratistas, no necesitando Eurofinsa enviar directamente a los países respectivos trabajadores manuales ni técnicos.

En las facturas recibidas se identifica el país de destino pero no la ciudad, ni el hotel, ni las personas que realizan los viajes. Se han eliminado aquellas facturas que corresponden a países en los que el grupo Eurofinsa no tiene filiales ni delegaciones (Italia, Portugal, Inglaterra, Suiza, Singapur, Gibraltar, Polinesia francesa Seychellles).

También se ha eliminado las facturas de algunos países en los que el grupo Eurofinsa si tiene filial u oficina pero los importes son anormalmente altos por lo que exceden de lo que puede representar una entrevista de negocios en unos días; algunas de las facturas eliminadas son estancias en Brasil, EEUU y Francia.

Se ha considerado no deducible una factura de 2009 por gastos en Emiratos Árabes que corresponde a pases de Formula 1 en Abu Dabi.

En conclusión, no son deducibles todas aquellas facturas que pueden haberse destinado al esparcimiento personal de los propietarios últimos del grupo Eurofinsa o de sus clientes, que por su carácter suntuario, no pueden calificarse como gastos de atenciones a clientes, dentro del concepto general de relaciones púbicas deducibles, sino como liberalidades, de acuerdo con lo dispuesto por el artículo 14.1 e del TRLIS".

Lo cierto es que no se aporta prueba adicional alguna frente a lo razonado por la Administración, por lo que procede confirmar su criterio.

F.2.- Gastos en Publicidad, propaganda y relaciones públicas.

El importe de los gastos no deducibles por este concepto asciende a 726.771,62 € en 2009 y a 142.621,41 € en 2010.

"Estos gastos corresponden a asistencia a campeonatos de Formula 1 en Abu Dabi, Monza, Mónaco, entradas al palco del estadio Santiago Bernabeu, adquisiciones de ropa deportiva y complementos destinados a la satisfacción de necesidades personales o al esparcimiento. Por todo ello, estos gastos deben considerarse como no correlacionados con los ingresos y en consecuencia no deducibles según el artículo 14.1 e del TRLIS".

No hay prueba ni se aporta en el proceso de que tales gastos tengan correlación con los ingresos.

F.3.- Gastos no justificados documentalmente.

Los importes no deducibles —se describen en la p. 26 del Acuerdo— han sido cargados en las cuentas de gastos de viaje, otros gastos varios y gastos VISA y en su inmensa mayoría corresponden a hoteles y restaurantes.

La Inspección ha requerido los justificantes documentales y no han sido aportados por el obligado tributario por lo que deben calificarse fiscalmente como no deducibles.

No está pues probado que tenga correlación con los ingresos.

En realidad, lo que hace la recurrente es insistir en que los gastos están correlacionados con los ingresos, pero lo cierto es que no aporta prueba alguna.

Se desestima el motivo».

CUESTIÓN

Una empresa comercializa su oferta de servicios de alquiler turístico a través de una plataforma de intermediación turística. La plataforma opera con un modelo de agentes comisionistas, cobrando una comisión a la empresa, a cambio de conseguirle los clientes. Para poder generar las facturas a nombre de la empresa, la plataforma exige que esta esté dada de alta en el ROI/VIES. Por eso, en los primeros meses emite las facturas por defecto a nombre de la persona física del administrador, que fue quien creó el perfil de la plataforma. Tras dos meses de operaciones, la empresa se da de alta en el ROI/VIES, pero la plataforma se niega a rectificar las facturas anteriores a la inscripción.

¿Puede la empresa deducirse en el IS las facturas de la plataforma si están incorrectamente dirigidas a la persona física del administrador y no contienen el nombre de la empresa, ni su NIF, ni su domicilio fiscal o social? La entidad puede acreditar que la plataforma ha hecho los pagos en una cuenta bancaria a nombre de la empresa y que la empresa ha emitido facturas dirigidas a los clientes por los servicios de hospedaje prestados.

Los gastos incurridos en concepto de comisión tendrán la consideración de gasto fiscalmente deducible en la medida que cumplan con los requisitos generales de deducibilidad del gasto, siempre que se correspondan con servicios reales prestados a la consultante. Por lo que se refiere a la justificación documental del gasto, se trata de una cuestión de hecho que deberá acreditarse por cualquier medio de prueba admitido en derecho, por lo que deberá tenerse en cuenta lo dispuesto en materia de prueba en los artículos 105 y siguientes de la LGT.

Tal y como señala la Dirección General de Tributos en su consulta vinculante (V2173-23), de 21 de julio de 2023, en cuanto a la valoración de las pruebas, en nuestro ordenamiento jurídico rige el principio general de valoración libre y conjunta de todas las pruebas aportadas, quedando descartado como principio general el sistema de prueba legal o tasada. En cualquier caso, la valoración concreta de la justificación documental del gasto es una cuestión de hecho, que corresponderá efectuar a los órganos competentes de la Administración tributaria en materia de comprobación.

En el supuesto concreto planteado, la sociedad podrá acreditar la realidad de los gastos que se correspondan con los servicios prestados por la plataforma, aun cuando no estén respaldados por factura, por cualquier medio de prueba generalmente admitido en derecho, teniendo en cuenta que únicamente tendrán la consideración de gastos fiscalmente deducibles a efectos del Impuesto sobre Sociedades, aquellos gastos contables que correspondan a operaciones reales, estén correlacionados con la obtención de ingresos, estén debidamente contabilizados, hayan sido imputados temporalmente con arreglo a devengo y estén debidamente justificados con arreglo a lo dispuesto en el artículo 106 de la LGT y siempre que no se trate de gastos no deducibles de acuerdo con lo dispuesto en el artículo 15 de la LIS, siendo los órganos de comprobación quienes deberán valorar la suficiencia de los medios de prueba aportados.

3.
GASTOS CONFLICTIVOS

Aproximación a los principales gastos cuya deducción en el IS puede ser controvertida para las pymes

Los gastos deducibles en el IS deben cumplir los requisitos de justificación, contabilización, imputación temporal, correlación con los ingresos y realidad, incumbiendo la carga de la prueba de dicho cumplimiento al propio obligado tributario. Además, no puede existir ningún precepto de la LIS que califique el gasto como no deducible, a cuyos efectos habrá que acudir, fundamentalmente, al **artículo 15 de la LIS, que enumera los gastos no deducibles**.

En particular, y a grandes rasgos, este precepto establece que no tendrán la consideración de gastos fiscalmente deducibles los siguientes:

- Los que representen una retribución de los fondos propios.

- Los derivados de la contabilización del Impuesto sobre Sociedades y del Impuesto Complementario [la referencia al Impuesto Complementario, creado por la Ley 7/2024, de 20 de diciembre, fue incorporada en la letra b) del artículo 15 de la LIS por esa misma norma, con efectos para los períodos impositivos iniciados a partir de 1 de enero de 2024]. No tendrán la consideración de ingresos los procedentes de dicha contabilización.

- Las multas y sanciones penales y administrativas, los recargos del período ejecutivo y el recargo por declaración extemporánea sin requerimiento previo.

- Las pérdidas del juego.

- Los donativos y liberalidades.

- Los gastos de actuaciones contrarias al ordenamiento jurídico.

- Los gastos de servicios correspondientes a operaciones realizadas, directa o indirectamente, con personas o entidades residentes en países o territorios calificados como paraísos fiscales, o que se paguen a través de personas o entidades residentes en estos, excepto que el contribuyente pruebe que el gasto devengado responde a una operación o transacción efectivamente realizada.

- Los gastos financieros devengados en el período impositivo, derivados de deudas con entidades del grupo, con independencia de la residencia y de la obligación de formular cuentas anuales consolidadas, destinadas a la adquisición, a otras entidades del grupo, de participaciones en el capital o fondos propios de cualquier tipo de entidades, o a la realización de aportaciones en el capital o fondos propios de otras entidades del grupo, salvo que el contribuyente acredite que existen motivos económicos válidos para la realización de las operaciones.

- Los gastos derivados de la extinción de la relación laboral, común o especial, o de la relación mercantil a que se refiere el artículo 17.2.e) de la LIRPF, o de ambas, aun cuando se satisfagan en varios períodos impositivos, que excedan, para cada perceptor, de determinados importes.

- Las pérdidas por deterioro de los valores representativos de la participación en el capital o en los fondos propios de entidades respecto de la que se de alguna de las siguientes circunstancias: que, en el período impositivo en que se registre el deterioro, se cumplan los requisitos establecidos en el artículo 21 de la LIS; o bien que, en caso de participación en el capital o en los fondos propios de entidades no residentes en territorio español, en dicho período impositivo no se cumpla el requisito del artículo 21.1.b) de la LIS.

- Las disminuciones de valor originadas por aplicación del criterio del valor razonable correspondientes a valores representativos de las participaciones en el capital o en los fondos propios de entidades a que se refiere el punto anterior, que se imputen en la cuenta de pérdidas y ganancias, salvo que, con carácter previo, se haya integrado en la base imponible, en su caso, un incremento de valor correspondiente a valores homogéneos del mismo importe.

- La deuda tributaria del Impuesto sobre Transmisiones Patrimoniales y Actos Jurídicos Documentados, modalidad de actos jurídicos documentados, documentos notariales, en los supuestos a que se refiere el párrafo segundo del artículo 29 del Real Decreto Legislativo 1/1993, de 24 de septiembre.

- Los que sean objeto de la deducción establecida en el artículo 38 bis de la LIS, incluidos los correspondientes a la amortización de los activos cuya inversión haya generado el derecho a la mencionada deducción.

> **A TENER EN CUENTA.** En especial, también habrá que considerar, a este respecto, los artículos 15 bis y 16 de la LIS, que regulan, respectivamente, las asimetrías híbridas (limitando la deducibilidad de determinados gastos realizados con intervención de entidades no residentes) y los límites a la deducibilidad de los gastos financieros.

De ese modo, y en principio, puede decirse que un gasto será deducible en el IS cuando cumpla los requisitos generales de deducibilidad y no encaje en ninguna de las categorías que acaban de indicarse. En esa medida, resulta claro que no serán deducibles, por ejemplo, las sanciones derivadas de una liquidación tributaria dictada en un procedimiento de comprobación, los dividendos que cobre un socio como retribución de sus fondos propios en la entidad o la propia cuota del Impuesto sobre Sociedades. Ahora bien, **el deslinde entre los gastos que son deducibles en el impuesto y los que no, no siempre es tan sencillo**, y en muchas ocasiones puede dar lugar a incertidumbre o generar controversia entre el contribuyente y la Administración tributaria.

Es por ello por lo que en los siguientes apartados **se analizarán algunos de los supuestos más problemáticos o cuya deducibilidad puede resultar más dudosa**.

CUESTIONES

1. ¿Un préstamo participativo tiene la consideración de retribución de fondos propios conforme al artículo 15 de la LIS?

La letra a) del artículo 15 de la LIS excluye la deducibilidad en el IS de los gastos que representen una retribución de los fondos propios, precisando que, a dichos efectos, tendrán tal consideración:

– La correspondiente a los valores representativos del capital o de los fondos propios de entidades, con independencia de su consideración contable.

– La correspondiente a los préstamos participativos otorgados por entidades que formen parte del mismo grupo de sociedades según los criterios establecidos en el artículo 42 del Código de Comercio, con independencia de la residencia y de la obligación de formular cuentas anuales consolidadas.

Sin embargo, en el caso de los préstamos participativos, hay que tener en cuenta que lo dispuesto en dicho artículo 15.a) de la LIS no resultará de aplicación a los otorgados con anterioridad a 20 de junio de 2014 (disposición transitoria decimoséptima de la LIS).

2. ¿Qué límites establece el artículo 15.i) de la LIS en cuanto a la posibilidad de deducción de los gastos derivados de la extinción de la relación laboral o de la relación mercantil del artículo 17.2.e) de la LIRPF?

El artículo 15.i) de la LIS señala que no tendrán la consideración de gastos fiscalmente deducibles los derivados de la extinción de la relación laboral, común o especial, o de la relación mercantil a que se refiere el artículo 17.2.e) de la LIRPF (administradores y miembros del consejo de administración, de las juntas que hagan sus veces y demás miembros de otros órganos representativos), o de ambas, aun cuando se satisfagan en varios períodos impositivos, que excedan, para cada perceptor, del mayor de los siguientes importes:

– Un millón de euros.

– El importe establecido con carácter obligatorio en el Estatuto de los Trabajadores, en su normativa de desarrollo o, en su caso, en la normativa reguladora de la ejecución de sentencias, sin que pueda considerarse como tal la establecida en virtud de convenio, pacto o contrato. No obstante, en los supuestos de despidos colectivos realizados de conformidad con el artículo 51 del Estatuto de los Trabajadores, o producidos por las causas previstas en el artículo 52.c) del citado Estatuto, siempre que, en ambos casos, se deban a causas económicas, técnicas, organizativas, de producción o por fuerza mayor, será el importe establecido con carácter obligatorio en el mencionado Estatuto para el despido improcedente.

A estos efectos, se computarán las cantidades satisfechas por otras entidades que formen parte de un mismo grupo de sociedades en las que concurran las circunstancias previstas en el artículo 42 del Código de Comercio, con independencia de su residencia y de la obligación de formular cuentas anuales consolidadas.

3.1. La retribución del socio por funciones distintas de las propias del cargo de administrador

El artículo 15.a) de la LIS establece expresamente que **no tendrán la consideración de gastos fiscalmente deducibles los que representen una retribución de los fondos propios.** A tales efectos, el precepto señala que tendrá la consideración de retribución de fondos propios:

- La correspondiente a los valores representativos del capital o de los fondos propios de entidades, con independencia de su consideración contable.

- La correspondiente a los préstamos participativos otorgados por entidades que formen parte del mismo grupo de sociedades según los criterios establecidos en el artículo 42 del Código de Comercio, con independencia de la residencia y de la obligación de formular cuentas anuales consolidadas.

En este sentido, resulta interesante acudir al artículo 25.1 de la LIRPF, que califica como rendimientos íntegros del capital mobiliario a los efectos de dicho impuesto los «rendimientos obtenidos por la participación en los fondos propios de cualquier tipo de entidad»; especificando que se incluirían dentro de tal categoría los siguientes rendimientos, dinerarios o en especie:

- Los dividendos, primas de asistencia a juntas y participaciones en los beneficios de cualquier tipo de entidad.

- Los rendimientos procedentes de cualquier clase de activos, excepto la entrega de acciones liberadas que, estatutariamente o por decisión de los órganos sociales, faculten para participar en los beneficios, ventas, operaciones, ingresos o conceptos análogos de una entidad por causa distinta de la remuneración del trabajo personal.

- Los rendimientos que se deriven de la constitución o cesión de derechos o facultades de uso o disfrute, cualquiera que sea su denominación o naturaleza, sobre los valores o participaciones que representen la participación en los fondos propios de la entidad.

- Cualquier otra utilidad, distinta de las anteriores, procedente de una entidad por la condición de socio, accionista, asociado o partícipe.

- La distribución de la prima de emisión de acciones o participaciones. El importe obtenido minorará, hasta su anulación, el valor de adquisición de las acciones o participaciones afectadas y el exceso que pudiera resultar tributará como rendimiento del capital mobiliario.

Por lo tanto, **es claro que los dividendos que la sociedad paga al socio como consecuencia de su participación en el capital social no serán deducibles** en el IS de la entidad. Sin embargo, es posible que el socio esté unido a la entidad en cuyo capital participa en virtud de una relación laboral o mercantil y que, con base en la misma, se le abone una determinada retribución. ¿El tratamiento de estas remuneraciones a efectos del IS será el mismo que el de la retribución de fondos propios o podrán ser objeto de deducción?

Para responder a esta cuestión conviene tener en cuenta, no solo lo expresado por el artículo 15.a) de la LIS, que establece la no deducibilidad de los gastos que representen una retribución de los fondos propios; sino también lo señalado por la letra e) del mismo precepto, que califica los donativos y liberalidades como gastos no deducibles, especificando que no se entenderán comprendidas en tal previsión «las retribuciones a los administradores por el desempeño de funciones de alta dirección, u otras funciones derivadas de un contrato de carácter laboral con la entidad».

Sobre la base de ambos preceptos, el Tribunal Supremo determina lo siguiente en su sentencia n.º 950/2022, de 6 de julio, ECLI:ES:TS:2022:3077:

> «(...) la retribución abonada no será deducible si responde a la simple condición de socio, accionista o participe, pero lo será cuando obedezca a la actividad desarrollada o al servicio prestado. En definitiva, en casos como el que nos ocupa, evidentemente, nadie puede pretender que, quien realice la actividad o preste el servicio se desprenda o abstraiga de su condición de socio, accionista o participe, razón por la que, el acento deberá ubicarse en la realidad y efectividad de la actividad desarrollada, más que en la condición de socio, accionista o participe de quien la realiza.
>
> (...) en presencia de una retribución por un trabajo o una prestación efectivamente realizada, difícilmente podrá desvirtuarse dicha realidad —y la traducción jurídica de su deducibilidad, como regla general—, acudiendo a una categoría como la de la liberalidad».

En el mismo sentido se ha manifestado el Alto Tribunal en la sentencia n.º 734/2024, de 30 de abril, ECLI:ES:TS:2024:2433:

> «(...) la retribución abonada no será deducible si responde a la simple condición de socio, accionista o participe, pero lo será cuando obedezca a la actividad desarrollada o al servicio prestado. En definitiva, en casos como el que nos ocupa, evidentemente, nadie puede pretender que, quien realice la actividad o preste el servicio se desprenda o abstraiga de su condición de socio, accionista o participe, razón por la que, el acento deberá ubicarse en la realidad y efectividad de la actividad desarrollada, más que en la condición de socio, accionista o participe de quien la realiza».

Así las cosas, y dejando a un lado las retribuciones que se perciban por las funciones propias o inherentes al cargo de administrador (que se abordarán en el siguiente epígrafe), con carácter general, puede decirse que **sería deducible la retribución por un trabajo o una prestación reales y efectivamente realizadas por el socio,** siempre que además se cumplan los **requisitos generales que posibilitan la deducción de gastos** en el IS (inscripción contable, correlación con los ingresos, correcta imputación temporal y justificación documental).

RESOLUCIONES RELEVANTES

Sentencia del Tribunal Supremo n.º 950/2022, de 6 de julio, ECLI:ES:TS:2022:3077

Asunto: requisitos que permiten considerar como deducible la retribución percibida por un socio mayoritario no administrador por los servicios prestados a la entidad.

«(...) los gastos relativos a la retribución que perciba un socio mayoritario no administrador, como consecuencia de los servicios prestados en favor de la actividad empresarial de la sociedad, constituyen gastos fiscalmente deducibles a efectos del Impuesto sobre Sociedades, cuando observando las condiciones legalmente establecidas a efectos mercantiles y laborales, dicho gasto acredite la correspondiente inscripción contable, se impute con arreglo a devengo y revista justificación documental.

En consecuencia, la sentencia impugnada debe ser casada y anulada pues, sin que se haya cuestionado la inscripción contable del gasto, la imputación con arreglo a devengo o la justificación documental, avala, en contra de la doctrina que acabamos de expresar, el rechazo de la deducción sobre la base de la ausencia de ajenidad en la relación entre el socio mayoritario no administrador y la recurrente, circunstancia que, conforme hemos apuntado, por sí misma, resulta ineficaz, tanto para excluir la específica correlación con la actividad empresarial como para armar, desde la mera abstracción de una operación de calificación jurídica, su consideración como liberalidad o, incluso, como retribución de los fondos propios».

Sentencia del Tribunal Supremo n.º 458/2021, de 30 de marzo, ECLI:ES:TS:2021:1233

Asunto: alcance de la no deducibilidad de los donativos y liberalidades. Debe tenerse en cuenta que la sentencia se dicta con respecto al artículo 14.1.e) del Real Decreto Legislativo 4/2004, de 5 de marzo, por el que se aprueba el texto refundido de la Ley del Impuesto sobre Sociedades, hoy derogado por la LIS; cuyo contenido no era exactamente el mismo que el del actual artículo 15.e) de la LIS (no se incluía el límite del 1 % a la deducibilidad de los gastos por atenciones a clientes o proveedores, ni tampoco la precisión de que no se incluirían en dicha letra «las retribuciones a los administradores por el desempeño de funciones de alta dirección, u otras funciones derivadas de un contrato de carácter laboral con la entidad»).

«(...) hemos de convenir que la naturaleza propia de estos gastos, responde en el impuesto sobre sociedades, por así haberse dispuesto legalmente, a la categoría concreta de donativos o liberalidades, y dentro de estos cabe distinguir los expresamente exceptuados como no deducibles.

De dotarle del contenido y alcance que pretende el Abogado del Estado, el resultado es que desaparece esta categoría para integrarse en la general de gastos deducibles correlacionado necesariamente con los ingresos, con la actividad financiera empresarial. Se entra en un bucle en el que donativos y liberalidades como gastos no deducibles y sus excepciones legalmente dispuestas, pierden toda significación propia, en tanto que al no estar relacionados con los ingresos nunca serán gastos deducibles sin necesidad de tener que ser considerados donativos y liberalidades; lo que convertiría al precepto en una regla redundante e inútil que además resulta contradictoria con la categoría que contempla al incluir estos gastos excluidos de la no deducibilidad entre los donativos o liberalidades.

(...)

A las cuestiones con interés casacional objetivo planteadas en al auto de admisión cabe responder, por ende, que el art. 14.1.e) del Real Decreto Legislativo 4/2004, debe interpretarse en el sentido de que los gastos acreditados y contabilizados no son deduci-

bles cuando constituyan donativos y liberalidades, entendiéndose portales las disposicio-nes de significado económico, susceptibles de contabilizarse, realizadas a título gratuito; serán, sin embargo deducibles, aquellas disposiciones —que conceptualmente tengan la consideración de gasto contable y contabilizado— a título gratuito realizadas por rela-ciones públicas con clientes o proveedores, las que con arreglo a los usos y costumbres se efectúen con respecto al personal de la empresa y las realizadas para promocionar, directa o indirectamente, la venta de bienes y prestación de servicios, y todas aquellas que no comprendidas expresamente en esta enumeración respondan a la misma estruc-tura y estén correlacionadas con la actividad empresarial dirigidas a mejorar el resultado empresarial, directa o indirectamente, de presente o de futuro, siempre que no tengan como destinatarios a socios o partícipes».

Breve referencia a las reglas de valoración de las operaciones vinculadas

Sentado lo anterior, no puede obviarse la especial relación que une a am-bas partes en este tipo de operaciones (socio y sociedad) y que nos condu-ciría al ámbito de las operaciones vinculadas, para las cuales se establecen especiales reglas de valoración. No en vano, el artículo 18 de la LIS determi-na lo siguiente en sus primeros apartados:

«1. **Las operaciones efectuadas entre personas o entidades vinculadas se valorarán por su valor de mercado.** Se entenderá por valor de mercado aquel que se habría acordado por personas o entidades independientes en condicio-nes que respeten el principio de libre competencia.

2. Se considerarán personas o entidades vinculadas las siguientes:

a) Una entidad y sus socios o partícipes.

b) Una entidad y sus consejeros o administradores, salvo en lo correspon-diente a la retribución por el ejercicio de sus funciones.

(…)

En los supuestos en los que la vinculación se defina en función de la rela-ción de los socios o partícipes con la entidad, la participación deberá ser igual o superior al 25 por ciento. La mención a los administradores incluirá a los de derecho y a los de hecho.

(…)».

En esa medida, las operaciones vinculadas tienen que valorarse por su **valor de mercado**, que se determinará por los métodos que señala el artículo 18.4 de la LIS: el método del precio libre comparable, el del coste incre-mentado, el del precio de reventa, el de la distribución del resultado o el del margen neto operacional. La elección del método de valoración tendrá en cuenta, entre otras circunstancias, la naturaleza de la operación vinculada, la disponibilidad de información fiable y el grado de comparabilidad entre las operaciones vinculadas y no vinculadas; y, cuando no sea posible aplicar tales métodos, se podrán utilizar otros métodos y técnicas de valoración ge-neralmente aceptados que respeten el principio de libre competencia.

Por otra parte, a la hora de fijar el valor de estas operaciones, deben des-tacarse dos reglas específicas:

- En caso de prestaciones de servicios entre personas o entidades vin-culadas, valoradas de acuerdo con lo indicado, se requerirá que los servicios prestados produzcan o puedan producir una ventaja o utilidad a su destinatario. Si se tratase de servicios prestados conjuntamente en favor de varias personas o entidades vinculadas, y siempre que no fuera posible la individualización del servicio recibido o la cuantificación de los elementos determinantes de su remuneración, será posible distribuir la contraprestación total entre las personas o entidades beneficiarias de acuerdo con unas reglas de reparto que atiendan a criterios de racionalidad.

• El contribuyente podrá considerar que el valor convenido coincide con el valor de mercado en el caso de una prestación de servicios por un socio profesional, persona física, a una entidad vinculada y se cumplan los siguientes requisitos: que más del 75 % de los ingresos de la entidad procedan del ejercicio de actividades profesionales y cuente con los medios materiales y humanos adecuados para el desarrollo de la actividad, que la cuantía de las retribuciones correspondientes a la totalidad de los socios-profesionales por la prestación de servicios a la entidad no sea inferior al 75 % del resultado previo a la deducción de las retribuciones correspondientes a la totalidad de los socios-profesionales por la prestación de sus servicios y que la cuantía de las retribuciones correspondientes a cada uno de los socios-profesionales se determine en función de la contribución efectuada por estos a la buena marcha de la entidad, siendo necesario que consten por escrito los criterios cualitativos y/o cuantitativos aplicables, y no sea inferior a 1,5 veces el salario medio de los asalariados de la entidad que cumplan funciones análogas a las de los socios profesionales de la entidad (en su ausencia, la cuantía de las citadas retribuciones no podrá ser inferior a cinco veces el IPREM). El hecho de que no se cumpla este último requisito relativo al salario medio en relación con alguno de los socios-profesionales, no impedirá la aplicación del criterio indicado a los restantes socios-profesionales.

La Administración tributaria podrá comprobar las operaciones realizadas entre personas o entidades vinculadas y, en su caso, efectuará las correcciones que procedan, sin que tales correcciones puedan suponer una tributación en el impuesto, ni, en su caso, en el IRPF o el IRNR, de una renta superior a la efectivamente derivada de la operación para el conjunto de las personas o entidades que la hubieran realizado.

Cuando en las operaciones vinculadas **se determine que el valor convenido es distinto del valor de mercado, la diferencia entre ambos valores** tendrá el **tratamiento fiscal que corresponda a la naturaleza de las rentas puestas de manifiesto** como consecuencia de la existencia de dicha diferencia. En concreto, si la vinculación viene dada en función en la relación entre los socios o partícipes y la entidad en la que participan, la diferencia tendrá, con carácter general, el siguiente tratamiento (artículo 18.11 de la LIS):

• Cuando la diferencia fuese a favor del socio o partícipe, la parte de la misma que se corresponda con el porcentaje de participación en la entidad se considerará como retribución de fondos propios para la entidad y como participación en beneficios para el socio. La parte de la diferencia que no se corresponda con aquel porcentaje, tendrá para la entidad la consideración de retribución de fondos propios y para el socio o partícipe de utilidad percibida de una entidad por la condición de socio, accionista, asociado o partícipe de acuerdo con lo previsto en el artículo 25.1.d) de la LIRPF.

- Cuando la diferencia fuese a favor de la entidad, la parte de la diferencia que se corresponda con el porcentaje de participación en la misma tendrá la consideración de aportación del socio o partícipe a los fondos propios de la entidad, y aumentará el valor de adquisición de la participación del socio o partícipe. La parte de la diferencia que no se corresponda con el porcentaje de participación en la entidad, tendrá la consideración de renta para la entidad, y de liberalidad para el socio o partícipe. Cuando se trate de contribuyentes del IRNR sin establecimiento permanente, la renta se considerará como ganancia patrimonial de acuerdo con lo previsto en el artículo 13.1.i).4.º de la LIRNR.

> **A TENER EN CUENTA.** Sin embargo, las reglas anteriores no se aplicarán en los casos en los que se proceda a la restitución patrimonial entre las personas o entidades vinculadas conforme al artículo 20 del RIS. Tal restitución no determinará la existencia de renta en las partes afectadas.

RESOLUCIONES ADMINISTRATIVAS

Consulta vinculante de la Dirección General de Tributos (V2399-21), de 23 de agosto de 2021

Asunto: deducibilidad en el IS de la retribución pagada por una sociedad a un socio no administrador.

«(...) todo gasto contable será gasto fiscalmente deducible, a efectos del Impuesto sobre Sociedades, siempre que cumpla las condiciones legalmente establecidas, en términos de inscripción contable, imputación con arreglo a devengo y justificación documental, y siempre que no tenga la consideración de gasto fiscalmente no deducible por aplicación de algún precepto específico establecido en la LIS.

De acuerdo con lo anterior, los gastos relativos a las retribuciones que perciban los socios en su condición de trabajadores serán gastos fiscalmente deducibles a efectos del Impuesto sobre Sociedades, siempre que cumplan las condiciones legalmente establecidas a efectos mercantiles y laborales, respectivamente, así como los requisitos de inscripción contable, imputación con arreglo a devengo y justificación documental, previamente señalados».

Resolución del Tribunal Económico-Administrativo Central n.º 3013/2021, de 29 de mayo de 2023

Asunto: carácter bilateral de los ajustes por operaciones vinculadas y exigencia de resolver las asimetrías que puedan producirse.

«(...) resulta evidente la voluntad de la norma de que los ajustes por operaciones vinculadas se realicen obligatoriamente de forma bilateral, evitando actuaciones administrativas incongruentes que pudieran derivar en situaciones de doble imposición (por ejemplo, en el presente caso, al exigir la tributación en sede de la persona física de ingresos que ya han tributado en la sociedad sin que finalmente haya resultado disminuida la base imponible declarada por esta última). Por lo tanto, el carácter bilateral de los ajustes por operaciones vinculadas supone que tanto lo regularizado por la Inspección, como lo revisado a posteriori, debe tener en cuenta que la liquidación practicada a una de las partes tiene trascendencia tributaria para la contraparte

interviniente en la operación, y viceversa. Así, es de destacar que la ruptura de la bilateralidad provoca, de forma automática, que la tributación de la operación vinculada, conjuntamente considerada, no encuentre acomodo en nuestro ordenamiento, produciendo situaciones de enriquecimiento injusto para la Hacienda Pública, o bien, de una imposición notoriamente inferior a la pretendida por la norma (si se diese la situación contraria a la aquí expuesta). En este sentido, remarcando la obligación legal de respetar el carácter bilateral de los ajustes en operaciones vinculadas y la exigencia de solucionar asimetrías que pudieran producirse, ya nos hemos pronunciado en resoluciones anteriores como la de 02/02/2021 RG 00-05109-2016-52-0 DYCTEA.

En el expediente ahora analizado, la Inspección actuó con pleno respeto a los principios rectores de la regularización en operaciones vinculadas ya que la regularización de la operación conjunta determinó un incremento de la cantidad que debía tributar por IRPF y una correlativa disminución de la tributación en IS de la entidad (correlativa en base, no en cuota, por la diferencia entre el tipo marginal aplicable en IRPF y el tipo proporcional del IS; diferencia que, a juicio de la Inspección, constituía el ahorro fiscal indebidamente obtenido por el interesado, derivado de la inaplicación de la regla imperativa de valoración de las operaciones vinculadas). Sin embargo, con la anulación de las liquidaciones practicadas en sede de la persona jurídica, a causa del pronunciamiento del TEAR, se ha producido la indeseada asimetría.

Llegados a este punto, el respeto al principio de bilateralidad que debe regir los ajustes por operaciones vinculadas, exige que, una vez anulada la regularización que recogía la fijación administrativa del valor de mercado en uno de los sujetos que intervienen en la operación, es necesario, para evitar situaciones asimétricas contrarias al ordenamiento jurídico, anular los ajustes practicados por el mismo concepto en la contraparte interviniente en la operación».

CUESTIONES

1. El socio de una sociedad limitada española reside en el extranjero y presta servicios para la entidad en cuyo capital participa, percibiendo una retribución a cambio. ¿La sociedad podrá deducirse tal retribución al socio como gasto en su IS?

Para la deducibilidad en el IS han de cumplirse, en primer término, los requisitos generales de inscripción contable, correlación con los ingresos, adecuada imputación temporal y justificación documental; además de la inexistencia de ningún precepto de la LIS que califique el gasto como no deducible. En particular, en este caso concreto, conviene señalar que la remuneración tendrá que responder a una efectiva prestación de servicios y no constituir una retribución de los fondos propios ni tampoco una liberalidad; y que, dado que se trata de una operación entre una sociedad y su socio partícipe, en su caso, tendrán que cumplirse las condiciones que exige el artículo 18 de la LIS en relación con las operaciones vinculadas.

De cumplirse dichos requisitos, la retribución abonada al socio constituiría un gasto deducible en el IS de la entidad, sin que, en principio, existan mayores especialidades por el hecho de que el socio no resida en territorio español. Ahora bien, y dependiendo del lugar donde resida dicho socio, debe señalarse que el artículo 15.g) de la LIS excluye la deducibilidad de los «gastos de servicios correspondientes a operaciones realizadas, directa o indirectamente, con personas o entidades residentes en países o territorios calificados como paraísos fiscales, o que se paguen a través de personas o entidades residentes en estos, excepto que el contribuyente pruebe que el gasto devengado responde a una operación o transacción efectivamente realizada». En relación con las rentas correspondientes a los gastos calificados como fiscalmente no deducibles no se aplicarán las normas sobre transparencia fiscal internacional. En tal sentido se pronuncia, por ejemplo, la consulta vinculante de la Dirección General de Tributos (V3227-21), de 28 de diciembre de 2021.

2. Una persona es socia y administradora única de una entidad, ejerciendo su cargo a título gratuito, tal como establecen en los estatutos de la sociedad. También presta servicios para la sociedad en el marco de una relación laboral. La remuneración que percibe por la prestación de sus servicios laborales, diferentes de los relativos a su cargo, es considerada como rendimientos del trabajo sujetos a retención a cuenta del IRPF. ¿Este gasto es fiscalmente deducible para la entidad en el IS?

Los gastos contables serán fiscalmente deducibles a efectos del Impuesto de Sociedades, siempre que cumplan las condiciones legalmente establecidas, en términos de inscripción contable, imputación con arreglo a devengo y justificación documental, y siempre que ningún precepto de la LIS lo considere como gasto no deducible. En el caso que se ha planteado, los gastos relativos a la retribución que el socio perciba en su condición de trabajador serán gastos fiscalmente deducibles, en la medida en que se hayan valorado a valor de mercado conforme al artículo 18 de la LIS y siempre que cumplan las condiciones legalmente establecidas. En este sentido se ha pronunciado la consulta vinculante de la Dirección General de Tributos (V2209-24), de 15 de octubre de 2024.

3. ¿Puede solicitarse a la Administración tributaria que fije la valoración de las operaciones entre partes vinculadas antes de que se realicen?

Sí, el artículo 18.9 de la LIS admite expresamente esta posibilidad, que es objeto de desarrollo en los artículos 21 y siguientes del RIS.

Los contribuyentes podrán solicitar a la Administración tributaria que determine la valoración de las operaciones efectuadas entre personas o entidades vinculadas con carácter previo a su realización, debiendo acompañarse la solicitud de una propuesta que se fundamentará en el principio de libre competencia.

El acuerdo de valoración surtirá efectos respecto de las operaciones realizadas con posterioridad a la fecha en que se apruebe y tendrá validez durante los períodos impositivos que se concreten en el propio acuerdo, sin que pueda exceder de los cuatro períodos impositivos siguientes al de la fecha en que se apruebe; también podrá establecerse que sus efectos alcancen a las operaciones de períodos impositivos anteriores, siempre que no hubiese prescrito el derecho de la Administración a determinar la deuda tributaria mediante la oportuna liquidación ni hubiese liquidación firme que recaiga sobre las operaciones objeto de solicitud. En caso de variación significativa de las circunstancias económicas existentes en el momento de la aprobación del acuerdo, podrá ser modificado para adecuarlo a las nuevas circunstancias económicas.

Las propuestas podrán entenderse desestimadas una vez transcurrido el plazo de resolución sin haberse notificado resolución expresa.

4. ¿Las operaciones vinculadas implican especiales obligaciones de documentación?

Sí. El artículo 18.3 de la LIS señala expresamente que las personas o entidades vinculadas, a fin de justificar que las operaciones efectuadas se han valorado por su valor de mercado, deberán mantener a disposición de la Administración tributaria, de acuerdo con principios de proporcionalidad y suficiencia, la documentación específica que se establezca reglamentariamente (artículos 13 y siguientes del RIS).

Esa documentación tendrá un contenido simplificado en relación con las personas o entidades vinculadas cuyo importe neto de la cifra de negocios, definido en los términos establecidos en el artículo 101 de la LIS, sea inferior a 45 millones de euros; aunque ese contenido simplificado no resultará de aplicación en ningún caso a determinadas operaciones que el precepto establece (por ejemplo, y entre otras, las realizadas por contribuyentes del IRPF, en el desarrollo de una actividad económica, a la que resulte de aplicación el método de estimación objetiva con entidades en las que aquellos o sus cónyuges, ascendientes o descendientes, de forma individual o conjuntamente entre todos ellos, tengan un porcentaje igual o superior al 25 % del capital social o de los fondos propios).

Ahora bien, la documentación específica no será exigible a ciertas operaciones que especifica la normativa (por ejemplo, y entre otras, las realizadas con la misma persona o entidad vinculada, siempre que el importe de la contraprestación del conjunto de operaciones no supere los 250.000 euros, de acuerdo con el valor de mercado).

3.2. La retribución del socio por funciones de dirección (administrador)

El artículo 15.e) de la LIS excluye la deducibilidad, con carácter general, de los donativos y liberalidades; pero establece expresamente que no se entenderán comprendidas en dicha previsión «las retribuciones a los administradores por el desempeño de funciones de alta dirección, u otras funciones derivadas de un contrato de carácter laboral con la entidad». Por otra parte, la letra f) del mismo precepto también excluye la deducibilidad de los gastos de actuaciones contrarias al ordenamiento jurídico.

Tradicionalmente, la jurisprudencia y la doctrina administrativa han venido considerando que las retribuciones satisfechas a quien desempeñe el cargo de administrador de una sociedad, por las funciones propias o inherentes a ese cargo, serían **deducibles siempre que se cumpliera escrupulosamente lo exigido por la legislación mercantil**. Así lo razonaba, por ejemplo, el Tribunal Supremo en su **sentencia dictada en recurso n.º 4269/2012, de 2 de enero de 2014, ECLI:ES:TS:2014:142**:

> «La cuestión, por tanto, no se centra en la "necesariedad" del gasto como a veces se pretende, sino en su "legalidad", que, ha de inferirse de las normas que rigen la materia de las retribuciones de los Administradores en los respectivos textos que las regulan. Tal legalidad hay que entenderla referida, como también hemos señalado, no sólo a los Estatutos sino a los límites que de la totalidad del ordenamiento jurídico pueden inferirse a la vista de las circunstancias concurrentes.
>
> Por eso, resulta insólita, como ya hemos dicho en alguna ocasión, cualquier interpretación que sostenga que en esta materia no es exigible un escrupuloso cumplimiento de la legislación mercantil».

En ese sentido, la normativa mercantil exigiría dos requisitos básicos en cuanto a la retribución de los administradores:

- Que el cargo de administrador sea retribuido conforme a los estatutos de la sociedad, tal y como exige el artículo 217 del Real Decreto Legislativo 1/2010, de 2 de julio, por el que se aprueba el texto refundido de la Ley de Sociedades de Capital (en adelante, LSC).

- Que la previsión estatutaria permita conocer dicha remuneración con la suficiente certeza, esto es, que en ella figure el sistema de retribución aplicable.

> **A TENER EN CUENTA.** Para las sociedades de capital no cotizadas, el artículo 217.1 de la LSC establece que el cargo de administrador se presume gratuito, salvo que los estatutos sociales establezcan lo contrario. Sin embargo, en las cotizadas sucede al revés: el cargo de consejero será retribuido, salvo disposición contraria de los estatutos (artículo 529 sexdecies de la LSC). Además, para las sociedades cotizadas, el artículo 529 septdecies de la LSC precisa que la remuneración de las funciones que están llamados a desarrollar los consejeros en su condición de tales, como miembros del órgano colegiado o sus comisiones, deberá ajustarse al sistema de remuneración previsto estatutariamente conforme al artículo 217 de la LSC y a la política de remuneraciones aprobada con arreglo al artículo 529 novodecies de la LSC.

Por supuesto, la deducibilidad de dicha remuneración también exigiría el cumplimiento de los requisitos legales generales que permiten la deducción de gastos en el IS (en términos de inscripción contable, correcta imputación temporal, correlación con los ingresos y justificación documental adecuada).

Con todo, a día de hoy parece haberse producido un **cambio de posición** al respecto, como bien reconoce la **sentencia del Tribunal Supremo n.º 449/2024, de 13 de marzo, ECLI:ES:TS:2024:1622**, que profundiza en la línea ya iniciada por sus previas sentencias n.º 875/2023, de 27 de junio, ECLI:ES:TS:2023:3071; n.º 1378/2023, de 2 de noviembre, ECLI:ES:TS:2023:4594; y n.º 75/2024, de 18 de enero, ECLI:ES:TS:2024:214. En la más reciente, nuestro Alto Tribunal, tras realizar un repaso de su jurisprudencia previa, insiste en que **no cabe concluir que el hecho de que no estén previstas en los estatutos sociales las retribuciones que perciban los administradores de una entidad mercantil, acreditadas y contabilizadas, no puede comportar, en todo caso, la consideración de liberalidad del gasto y, sin más, la improcedencia de su deducibilidad.** Añadiendo, incluso, que «no es admisible que un gasto salarial que está directamente correlacionado con la actividad empresarial y la obtención de ingresos sea calificado de donativo o liberalidad no deducible».

La Sala argumenta que no cabe realizar en este supuesto un examen de estricta legalidad, entre otras razones porque, a pesar de la normativa mercantil, dentro del amplio campo de la retribución de los administradores, son distintas las perspectivas y las circunstancias que delimitan tal examen de legalidad (los diferentes modelos de administradores, individuales o colegiados, los diferentes tipos de entidades, unipersonales o de partícipes numerosos, las diferentes actuaciones de los órganos empresariales y sus socios, sus funciones, sus relaciones con la empresa, etc.). Motivo por el cual afirma que, «ni aún limitando el examen a una cuestión de estricta legalidad puede establecerse la ecuación de que la falta de previsión estatutaria de la retribución de los administradores determina, sin más, la imposibilidad de deducirse el gasto».

Así las cosas, las previsiones contenidas en las normas mercantiles no supondrían una presunción iuris et de iure que trascienda al ámbito fiscal. Según razona el Tribunal Supremo, el juego de las previsiones mercantiles determina que, a falta de previsión estatutaria y salvo prueba en contrario, se presuma que las cantidades entregadas a los administradores son gratuitas. Ahora bien, «cuando **se acredita (...) que sí existe onerosidad**, que las retribuciones percibidas por los tres miembros del Consejo de administración, en este caso, aparte por la relación laboral que le une con la entidad, **responden a los servicios prestados a la misma para obtención de ingresos, desaparece el carácter de gratuidad de las mismas, y de cumplirse el resto de requisitos antes referidos, conforme a las normas fiscales, han de considerarse gastos susceptibles de deducción»**.

Por todo ello, la sentencia concluye resaltando que «(...) no cabe aplicar en el ámbito fiscal la teoría del vínculo [en el siguiente epígrafe nos referiremos a ella], menos aún con la extensión que se pretende en el que ni siquiera se repara en las retribuciones que perciben los miembros del consejo de administración en su calidad de empleados por cuenta ajena; tampoco cabe calificar las retribuciones como donativo o liberalidad del artículo 14.1.e del TRLIS, sino que, en principio, **son retribuciones, onerosas, que en cuanto han sido acreditadas y contabilizadas, deben considerarse gastos deducibles, sin que su no previsión estatutaria per se le haga perder esta condición**, en tanto que **por ese sólo hecho no se ha de considerar un acto contrario al ordenamiento jurídico**, con el alcance que este tribunal Supremo, antes se ha transcrito pronunciamientos al respecto, le ha dado a dicha expresión».

A cuyo respecto, además, cabría traer a colación lo que nuestro Alto Tribunal ya habría apuntado en ocasiones anteriores al referirse al alcance de la previsión contenida en el artículo 15.f) de la LIS, que excluye la deducibilidad de los gastos por actuaciones contrarias al ordenamiento jurídico. En ese sentido, por ejemplo, la sentencia del Tribunal Supremo n.º 150/2021, de 8 de febrero, ECLI:ES:TS:2021:433, afirmaba lo siguiente:

> «(...) en la legislación aplicable al presente recurso de casación no se contemplan como gastos no deducibles los "gastos de actuaciones contrarias al ordenamiento jurídico", pero lo cierto es que "actuaciones contrarias al ordenamiento jurídico" no pueden equipararse, sin más, a cualquier incumplimiento del ordenamiento jurídico ya que esto conduciría a soluciones claramente insatisfactorias, sería una interpretación contraria a su finalidad. **La idea que está detrás de la expresión "actuaciones contrarias al ordenamiento jurídico" necesita ser acotada, han de evitarse interpretaciones expansivas, puesto que esa expresión remite solo a cierto tipo de actuaciones, vg. sobornos y otras conductas similares.** En todo caso, los intereses de demora constituyen una obligación accesoria, tienen como detonante el incumplimiento de la obligación principal, pero en sí mismos considerados, no suponen un incumplimiento; al revés, se abonan en cumplimiento de una norma que legalmente lo exige».

RESOLUCIÓN RELEVANTE

Sentencia del Tribunal Supremo n.° 75/2024, de 18 de enero, ECLI:ES:TS:2024:214

Asunto: posibilidad de deducir en IS la retribución del administrador no prevista en los estatutos sociales.

«Es evidente que en el presente caso se colma, de entrada, el principio de reserva estatutaria del sistema de retribución y, por tanto, la finalidad que inspira su exigencia que, conforme con la sentencia del Tribunal Supremo (Sala Primera) núm. 893/2011 de 19 de diciembre, rec. 1976/2008, ECLI:ES:TS:2011:9361, responde primordialmente a potenciar la máxima información a los accionistas a fin de facilitar el control de la actuación de estos en una materia especialmente sensible, dada la inicial contraposición entre los intereses particulares de los mismos en obtener la máxima retribución posible y los de la sociedad en minorar los gastos y de los accionistas en maximizar los beneficios repartibles.

La misma finalidad debe inspirar la previsión estatutaria —insistimos, no legalmente exigible en los periodos controvertidos— de que la Junta General, determinase dicha cantidad fija anual, sin que haya el menor indicio de que, en el presente caso, su preterición hubiera comprometido los intereses de alguno de los socios.

Además de la circunstancia expresada —que la aprobación de la retribución por la Junta General no resultaba obligatoria en el presente caso desde la perspectiva temporal—, no cabe desconocer la abundante jurisprudencia civil que otorga carta de naturaleza a la válida de retribución de los administradores sobre la base de los actos propios de los socios cuando la consintieran de modo inequívoco, circunstancia que, si bien comporta una apreciación fáctica —y, por tanto, ajena a esta sede casacional— no ha sido ponderada por la Sala de instancia a tenor de pronunciamientos tan relevantes como las sentencias del Tribunal Supremo (Sala Primera) núm. 98/2018 de 26 de febrero, rec. 3574/2017, ECLI:ES:TS:2018:494; núm. 448/2008 de 29 mayo rec. 322/2002, ECLI:ES:TS:2008:2900; núm. 412/2013 de 18 de junio rec. 365/2011, ECLI:ES:TS:2013:3443; o, en fin, la sentencia núm. 330/2023, de 28 de febrero, rec. 3742/2019, ECLI:ES:TS:2023:767.

4.- En cualquier caso —reiteramos— aun cuando se admitiera (a los solos efectos dialécticos, como señaláramos en la sentencia 875/2023 de 27 de junio) que hubiera existido incumplimiento de la legislación mercantil —en este caso sería, más bien, un incumplimiento de la previsión estatutaria— tal inobservancia no puede comportar automáticamente la consideración como liberalidad del gasto correspondiente y la improcedencia de su deducibilidad. En otras palabras, no debería conducir necesariamente a la pérdida del derecho material o sustantivo a deducir un gasto contabilizado, acreditado y remunerador de unos servicios onerosos, efectivamente prestados, circunstancias que no se ha cuestionado que adornaran la percepción de la remuneración por parte de los administradores en este caso.

Además, tales retribuciones así percibidas no constituyen una liberalidad no deducible —art. 14.1.e) TRLIS— por el hecho de que la relación que une a los perceptores de las remuneraciones con la empresa sea de carácter mercantil».

RESOLUCIONES ADMINISTRATIVAS

Resoluciones del Tribunal Económico-Administrativo Central n.° 3319/2021 y n.° 3122/2022, ambas de 27 de mayo de 2024

Asunto: ambas fijan el mismo criterio, asumiendo la nueva jurisprudencia sobre la deducibilidad en IS de la retribución de los administradores por sus funciones como tales, cuando también mantienen una relación laboral de alta dirección con la entidad.

«Este Tribunal venía manteniendo, (RG 5806/2023 y 6496/2022 de 22/02/2024) que, en los supuestos en que la Inspección hubiera aplicado la Teoría del Vínculo, en

caso de que se hubiera diferenciado por la Inspección la percepción de retribuciones por estricta condición de consejero (relación mercantil) y la percepción de retribuciones por el ejercicio de funciones ejecutivas (relación laboral de alta dirección), podría determinarse la no deducibilidad de las primeras en caso de que dichas retribuciones no estuvieran previstas en los estatutos.

Sin embargo, este criterio debe entenderse superado a la vista de la reciente STS de 13-03-2024 (rec. nº 9078/2022), en que la cuestión que presentaba interés casacional objetivo para la formación de la jurisprudencia, era la siguiente:

"1. Determinar si las retribuciones que perciban los administradores de una entidad mercantil, acreditadas y contabilizadas, constituyen una liberalidad no deducible por el hecho de que las mismas no estuvieran previstas en los estatutos sociales, según su tenor literal, o si, por el contrario, el incumplimiento de este requisito no puede comportar, en todo caso, la consideración de liberalidad del gasto y la improcedencia de su deducibilidad."

Podemos determinar que, siendo las retribuciones del administrador onerosas, en cuanto han sido acreditadas y contabilizadas, deben ser consideradas en su totalidad como un gasto fiscalmente deducible, puesto que, como señala el TS: "...son retribuciones, onerosas, que en cuanto han sido acreditadas y contabilizadas, deben considerarse gastos deducibles, sin que su no previsión estatutaria per se le haga perder esta condición, en tanto que por ese sólo hecho no se ha de considerar un acto contrario al ordenamiento jurídico, con el alcance que este tribunal Supremo, antes se ha transcrito pronunciamientos al respecto, le ha dado a dicha expresión."

Por lo que, de acuerdo con lo anterior, aun cuando se determinara qué retribuciones son las percibidas por la estricta condición de consejero (relación mercantil), la falta de previsión estatutaria por sí sola no conlleva su no deducibilidad fiscal».

¿Y si el administrador desempeña otras funciones distintas de las propias de ese cargo y percibe una retribución por ello?

En las sociedades no cotizadas, el **cargo de administrador se presume gratuito, salvo que los estatutos sociales establezcan lo contrario** determinando el sistema de retribución (artículo 217.1 de la LSC), en los términos y con las matizaciones a efectos fiscales vistas en el epígrafe anterior. Ahora bien, es posible que el administrador desempeñe en la sociedad, además de las funciones propias o inherentes a ese cargo, otras diferentes, por ejemplo, a través de una relación laboral ordinaria o de alta dirección. Surgiendo así una pregunta obvia: ¿las remuneraciones que perciba por esos otros conceptos serán deducibles en el IS de la entidad?

Como punto de partida, cabe acudir de nuevo al artículo 15.e) de la LIS, que incluye entre los gastos que no serán fiscalmente deducibles en el impuesto los donativos y liberalidades, pero precisando que no tendrán tal concepto «las retribuciones a los administradores por el desempeño de funciones de alta dirección, u otras funciones derivadas de un contrato de carácter laboral con la entidad». No especifica que tales remuneraciones tendrán el carácter de deducibles, sino que simplemente indica que no constituyen una «liberalidad» o, lo que es lo mismo, una disposición a título gratuito. En esa medida, **si la retribución que se percibe por esos conceptos constituye** una contraprestación de un trabajo efectivamente realizado, y se cumplen el resto de los requisitos necesarios, parece que su importe podrá ser un gasto fiscal para el pagador.

Sin embargo, en estos supuestos en los que el administrador mantiene una doble relación con la sociedad (por un lado, laboral, por los cometidos que lleve a cabo, por ejemplo, en el marco de la relación laboral especial del personal de alta dirección; y, por otro, mercantil, como administrador), la deducibilidad de las retribuciones percibidas no suele no ser tan simple. Y, ello, como consecuencia de la denominada **«teoría del vínculo»**, que **tradicionalmente han venido aplicando la doctrina y la jurisprudencia**. Según dicha teoría, la relación mercantil absorbería a la laboral, predominando sobre ella. En palabras del Tribunal Supremo, «tal doctrina, que no conoce reflejo en la legislación fiscal, despliega sus efectos en el ámbito de la relación del trabajador-administrador con la empresa, lo que impide que, en tal caso, por la naturaleza del vínculo —se hace predominar entonces la naturaleza mercantil, por superponerse a la laboral, ya que se pierde entonces la esencia de la ajenidad— la jurisdicción social no sería competente para conocer de los conflictos suscitados en el seno de esa relación. La competencia recaería en la jurisdicción mercantil» (sentencia del Tribunal Supremo n.º 1378/2023, de 2 de noviembre, ECLI:ES:TS:2023:4594).

Con todo, en los últimos tiempos **esta teoría ha sido objeto de amplio debate y parece haber quedado en entredicho, suscitándose dudas sobre su aplicación en determinados casos**. En ese sentido, por ejemplo, la sentencia del Tribunal de Justicia de la Unión Europea de 5 de mayo de 2022, asunto C-101/2021, ECLI:EU:C:2022:356, declaró que no cabe negar a un trabajador, que además es miembro del órgano de administración de una entidad, los derechos o protecciones que la normativa comunitaria concede a los trabajadores por el mero hecho de formar parte del órgano de administración ni, consiguientemente, cabría tampoco negar a la empresa que lo contrata los derechos y protecciones que la normativa concede a un empleador. Es decir, y según resume la sentencia del Tribunal Supremo antes mencionada, con ello el TJUE consagraría **«que no cabe hacer de peor condición a un trabajador (ni a la empresa que lo contrata) por el hecho de formar parte del órgano de administración y aprovechar dicha circunstancia para negar derechos que la norma interna de un estado conceden a los trabajadores y a las propias compañías que los contratan** y posteriormente les nombran miembros del órgano de administración».

Un planteamiento que ya ha acogido también la doctrina administrativa. Al hilo de esos pronunciamientos, el Tribunal Económico-Administrativo Central ha cambiado su criterio al respecto, sentando lo siguiente en sus recientes resoluciones n.º 5806/2023 y n.º 6496/2022, ambas de 22 de febrero de 2024:

> «La aplicación en el ámbito fiscal o tributario de la "teoría del vínculo" se ha visto superada por el Tribunal Supremo en sentencias de 27 de junio de 2023 (recurso de casación 6442/2021) y de 2 de noviembre de 2023 (recurso de casación 3940/2022) y, en consecuencia, debe ser rechazada. Este TEAC asume la postura del Tribunal Supremo en las citadas sentencias de forma que, como señala el Alto Tribunal, no puede considerarse

que el administrador de una entidad a la que, además, le presta un servicio real, efectivo y al margen de su cargo de administrador, no sea retribuido por tales servicios y que, en el caso de que sí se perciba tal retribución, aquella no sea considerada, para quien la satisface, un gasto fiscalmente deducible en base, únicamente, a la doctrina del vínculo ya que ello implicaría una aplicación extrema de dicha teoría que es, precisamente, lo que entiende el Tribunal Supremo, en la referida sentencia, que debe evitarse.

No obstante, este TEAC entiende procedente aclarar que siendo las citadas personas, a la vez y de forma simultánea, consejeros de la entidad y altos directivos de la misma, en caso de que se hubiera determinado que percibían retribuciones por su estricta condición de consejero (relación mercantil), diferenciándose de las percibidas por el ejercicio de funciones ejecutivas (relación laboral de alta dirección), podría haberse determinado la (no) deducibilidad de aquellas, las referidas a su estricta condición de consejero/administrador de la entidad, conforme a las reglas que tradicional y reiteradamente ha venido observando, al efecto, este TEAC y que se sintetizan en exigir un estricto cumplimiento de las normas mercantiles sobre la retribución de los consejeros / administradores de las sociedades (carácter no gratuito del cargo, fijación con certeza del sistema retributivo a seguir, para éstos, en los estatutos con el suficiente grado de certeza). Todo ello sin perjuicio de reconocer la deducibilidad de las cuantías percibidas por el desempeño de las funciones ejecutivas, las propias de su relación laboral de alta dirección».

A TENER EN CUENTA. Estas resoluciones todavía no recogen la última jurisprudencia del Tribunal Supremo en relación con la deducibilidad de las retribuciones de los administradores y la superación de la tradicional exigencia de cumplimiento escrupuloso de la normativa mercantil, abordada en el epígrafe anterior. De ahí los términos en los que todavía se expresaba este último párrafo.

RESOLUCIÓN RELEVANTE

Sentencia del Tribunal Supremo n.º 1378/2023, de 2 de noviembre, ECLI:ES:TS:2023:4594

Asunto: deducibilidad en IS de la retribución percibida por un director general que también forma parte del órgano de administración de la sociedad e imposibilidad de aplicar la «teoría del vínculo» de manera absoluta.

«(...) resultaría absurdo que los administradores que, además, llevaran a cabo funciones o tareas encomendadas por la empresa, real y efectivamente realizadas y al margen de la función de administrador social, tendrían que acometer su desempeño de un modo también gratuito o, cuando menos, sin posibilidad para el pagador de deducir el gasto correspondiente, lo cual, si llevamos al extremo la teoría del vínculo esgrimida por el Abogado del Estado, nos conduciría a conclusiones claramente absurdas.

En el caso que se examina, al no existir ninguna duda de que el Director General de la sociedad, que al mismo tiempo forma parte como vocal de su Consejo de Administración, realiza esa dualidad de funciones, tal y como tiene por acreditado la sentencia impugnada en casación, y siendo esa prestación de servicios real, efectiva y no discutida, la conclusión que se alcanza es que la retribución percibida, cualquiera que sea su naturaleza, no puede ser calificada como una liberalidad. En efecto, nada impide que los administradores de algunas sociedades puedan percibir otras retribuciones por causa distinta de la propia condición de administrador, en este caso, por ser trabajador con contrato laboral de alta dirección, sin restricciones por el tipo de sociedad, de forma que las funciones de alta dirección por las que se les retribuye —en este caso, como director general— resultan perfectamente diferenciables de las que corresponden por su mera pertenencia al consejo de administración. (...)

*En suma, nos encontramos ante una **retribución que no se percibe por la condición de miembro del consejo de administración** —que no resulta discutida en este recurso—, **sino por el vínculo laboral como consecuencia de la prestación de unos servicios reales, efectivos y no discutidos que, cualquiera que sea su naturaleza, no puede ser una liberalidad,** tal y como apreció acertadamente la sentencia recurrida.*

4.2. En segundo término, en relación con la teoría del vínculo, [conforme a la cual cuando en una persona concurre la doble consideración de trabajador por cuenta ajena y administrador —en el caso debatido al tener suscrito el Sr. Juan Carlos un contrato de alta dirección y de manera simultánea ostenta un cargo de administrador en la empresa—, entra en juego la llamada teoría del vínculo], basta con remitirnos a lo expuesto por esta Sala en reciente STS núm. 875/2023, de 27 de junio, rec. cas. 6442/2021, cit. en la que se señala que: "Tal doctrina, que no conoce reflejo en la legislación fiscal, despliega sus efectos en el ámbito de la relación del trabajador-administrador con la empresa, lo que impide que, en tal caso, por la naturaleza del vínculo —se hace predominar entonces la naturaleza mercantil, por superponerse a la laboral, ya que se pierde entonces la esencia de la ajenidad— la jurisdicción social no sería competente para conocer de los conflictos suscitados en el seno de esa relación. La competencia recaería en la jurisdicción mercantil" y añade que "[a]hora bien, al margen de toda otra consideración, no parece que tal doctrina afecte a nuestro caso. Aun admitiendo la teoría del vínculo, o el predominio de la vertiente mercantil sobre la laboral, la retribución que nos ocupa no será —nunca— una liberalidad no deducible si es real, efectiva, probada, contabilizada y onerosa. Así lo hemos dicho reiteradamente y hemos de mantenerlo".

*En el caso que se enjuicia, al igual que en el analizado en la cit. sentencia, **aún admitiendo la teoría del vínculo, la retribución que nos ocupa, que corresponde a la prestación de unos servicios reales, efectivos y no discutidos, no puede ser nunca una liberalidad no deducible.***

En efecto, la consecuencia basada en la llamada teoría del vínculo, que despliega sus efectos en el seno de la relación interna o intrasocietaria, llevada al terreno de lo tributario que aquí nos ocupa, conduciría a un resultado totalmente absurdo si no se aplica con prudencia y cautela, examinando las peculiaridades de cada caso.

(...)

*A lo expuesto se añade que, **según consolidada jurisprudencia del TJUE**, en el ámbito comunitario europeo no se admite que prevalezca a fortiori la relación mercantil —que supone la pertenencia al órgano de administración— sobre la consideración de trabajador de dicha persona a los efectos del Derecho de la UE, pues conforme a esa jurisprudencia, el vínculo laboral no se desvanece ni enerva por absorción del vínculo mercantil en aquello que sea favorable al trabajador».*

RESOLUCIÓN ADMINISTRATIVA

Resolución del Tribunal Económico-Administrativo Central n.º 3156/2019, de 17 de julio de 2020

Asunto: alcance e interpretación del artículo 15.e) de la LIS.

«Según su construcción sintáctica, sobre todo por la ubicación de la coma [,] que incorpora, el párrafo excluye que sean liberalidades lo pagado a los administradores en dos supuestos: (I) por el desempeño de funciones de alta dirección, y (II) por el desempeño de otras funciones derivadas de un contrato de carácter laboral con la entidad; con lo que,

el que sean "derivadas de un contrato de carácter laboral con la entidad", este Tribunal entiende que sólo se predica para el desempeño de otras funciones, y no para el desempeño de funciones de alta dirección; pues, para que hubiese sido al contrario, esa coma [,] debería haber estado precediendo el término "derivadas", con lo que el significado evidentemente habría sido otro: por el desempeño de funciones de alta dirección u otras funciones, derivadas de un contrato de carácter laboral con la entidad.

El segundo de los supuestos dichos, la exclusión como liberalidad de lo pagado a los administradores por el desempeño de otras funciones derivadas de un contrato de carácter laboral con la entidad, no fue una novedad en sentido estricto, pues, como antes se ha dicho, de siempre se había venido admitiendo la deducibilidad fiscal de lo que una sociedad pudiera pagarle a uno de sus administradores o consejeros si el mismo le prestaba unos servicios como trabajador con funciones ordinarias, y el exagerado pero ilustrativo ejemplo que hemos puesto antes, es una buena muestra de ello: el sueldo que una sociedad le paga a unos de sus consejeros que fuera, además, conserje en una dependencia de esa sociedad; y lo mismo cabe decir si se lo pagaba como consecuencia de la prestación de unos servicios profesionales, como el caso del abogado que también hemos puesto como ejemplo antes.

Con lo que, la inclusión auténticamente novedosa del precepto es la que excluye de que puedan considerarse liberalidades las retribuciones que nos ocupan.

Mención con la que pudiera pensarse que la norma atribuye a las mismas el carácter de deducibles en todo caso y sin ninguna otra consideración.

Sin embargo, no es ésa la conclusión que alcanza este Tribunal Central, porque el precepto sólo dice lo que dice: que no se entenderán comprendidas entre las liberalidades las retribuciones a los administradores por el desempeño de funciones de alta dirección, y, con ello, que no cabe negar la deducibilidad de tales gastos en atención a lo dispuesto en esta letra e). Pero ello, necesariamente ha de integrarse con que la normativa fiscal jamás ha permitido la deducibilidad fiscal de los gastos que vulneran el ordenamiento jurídico en su conjunto; algo que, además, la propia Ley 27/2014 ha venido a recoger así expresamente, y precisamente en el párrafo siguiente».

CUESTIONES

1. ¿Cuáles son las funciones propias del cargo de administrador?

Las funciones propias del cargo de administrador o de consejero (si existe un consejo de administración), en su «condición de tal», comprenderían fundamentalmente la dirección, la gestión, la administración y la representación del ente societario.

2. ¿Resulta de aplicación a la retribución que perciban los administradores por el ejercicio de las funciones propias del cargo el artículo 18 de la LIS, que impone la valoración de las operaciones vinculadas por su valor normal de mercado?

Conforme al artículo 18.1 de la LIS, las operaciones efectuadas entre personas o entidades vinculadas se valorarán por su valor de mercado, entendiéndose por tal el que se habría acordado por personas o entidades independientes en condiciones que respeten el principio de libre competencia. A continuación, el apartado 2 de ese mismo precepto determina qué personas o entidades tendrán la consideración de vinculadas a esos efectos, refiriéndose su letra b) a los administradores o consejeros en los siguientes términos:

«2. Se considerarán personas o entidades vinculadas las siguientes:

(...)

b) Una entidad y sus consejeros o administradores, salvo en lo correspondiente a la retribución por el ejercicio de sus funciones».

Por lo tanto, los administradores y la sociedad no tendrán el carácter de personas o entidades vinculadas en lo relativo a la retribución que los primeros perciban por las funciones inherentes a dicho cargo de administrador.

3. ¿Es deducible el seguro de salud que una sociedad mercantil paga como suplemento a su socio único y administrador, que desarrolla las funciones inherentes al cargo de administrador y percibe una retribución por ello, fijada en los estatutos sociales?

Las cantidades pactadas entre la sociedad y su único socio y administrador en concepto de seguro médico por la realización de determinadas funciones inherentes a su cargo, serán gastos contables que podrían tener la consideración de fiscalmente deducibles en el IS, en la medida en que retribuyan el trabajo o los servicios prestados a la sociedad y siempre que cumplan las condiciones legalmente establecidas, con independencia de la naturaleza (laboral o mercantil) de la relación que una al socio y administrador con la sociedad y de que el importe del seguro deba o no tributar por el impuesto del propio interesado.

Por tanto, y en la medida en la que el pago del suplemento en forma de seguro médico responda a la contraprestación del trabajo prestado a la entidad y el gasto esté contabilizado y reúna los requisitos generales que posibilitan la deducción de gastos, será deducible en la determinación de la base imponible del impuesto, dado que la LIS no contiene precepto alguno que limite su deducibilidad. Así lo entendió también la Dirección General de Tributos, por ejemplo, en su consulta vinculante (V1763-15), de 3 de junio de 2015.

4. Desde el punto de vista mercantil, ¿es posible que los estatutos de una sociedad no cotizada establezcan el carácter gratuito del cargo de administrador, pero que, a pesar de ello, se paguen ciertos importes a determinados consejeros por el desarrollo de funciones ejecutivas o de gerencia?

El artículo 249 de la LSC regula la delegación de facultades del consejo de administración, contemplando la posibilidad de que, cuando el órgano de administración social revista la forma de consejo de administración, puedan delegarse o atribuirse determinadas funciones a ciertos consejeros, que percibirían por ello una retribución distinta de la del resto. Un precepto que, en cuanto a la retribución de estos consejeros, recoge un régimen autónomo (se fijará la retribución en el contrato que ha de celebrarse), sin exigir la reserva estatutaria que sí contempla el artículo 217 de la LSC.

Sobre esa base, el Tribunal Supremo, en su sentencia n.º 98/2018, de 26 de febrero, ECLI:ES:TS:2018:494, entendió que en las sociedades no cotizadas la relación entre los artículos 217 y 249 de la LSC era de carácter acumulativo y no alternativo, por lo que la retribución de los consejeros delegados y de los consejeros ejecutivos estaría sometida al principio de reserva estatutaria y a la intervención de la junta. No en vano, la expresión «administradores en su condición de tales» del artículo 217.2 de la LSC englobaría todas las funciones de los administradores, incluidas las ejecutivas, y no solo las que son indelegables. Y, con ello, anuló la posibilidad de que las retribuciones de los consejeros delegados o ejecutivos fuesen mercantilmente válidas en los casos en que el cargo de administrador fuese gratuito conforme a los estatutos sociales.

Eso sí, todas estas consideraciones las venimos realizando desde un punto de vista estrictamente mercantil, pues, a día de hoy y según antes se estudió, el escrupuloso cumplimiento o incumplimiento de los requisitos mercantiles parece no ser ya un criterio radicalmente determinante para la deducibilidad del gasto en el IS (nos remitimos, a tal respecto, a lo expuesto en el primer apartado de este epígrafe).

3.3. La utilización privativa por parte del socio de bienes propiedad de la sociedad (vivienda, vehículos, y otros)

En múltiples ocasiones, los socios de las empresas realizan un uso privativo de bienes de la sociedad, siendo los casos más paradigmáticos el uso del vehículo de empresa con fines particulares o el uso como vivienda de un inmueble propiedad de la sociedad. En estos supuestos, no tendrán la consideración de gastos de la actividad de la empresa. Es decir, no se realizan para obtener el rendimiento propio de la actividad.

El artículo 18 de la LIS establece que las operaciones efectuadas entre personas o entidades vinculadas se valorarán por su valor de mercado, es decir, por aquel que se habría acordado por personas o entidades independientes, respetando el principio de libre competencia.

> «1. Las operaciones efectuadas entre personas o entidades vinculadas se valorarán por su valor de mercado. Se entenderá por valor de mercado aquel que se habría acordado por personas o entidades independientes en condiciones que respeten el principio de libre competencia.
> 2. Se considerarán personas o entidades vinculadas las siguientes:
> a) Una entidad y sus socios o partícipes.
> (...)
> 4. Para la determinación del valor de mercado se aplicará cualquiera de los siguientes métodos:
> a) Método del precio libre comparable, por el que se compara el precio del bien o servicio en una operación entre personas o entidades vinculadas con el precio de un bien o servicio idéntico o de características similares en una operación entre personas o entidades independientes en circunstancias equiparables, efectuando, si fuera preciso, las correcciones necesarias para obtener la equivalencia y considerar las particularidades de la operación.
> b) Método del coste incrementado, por el que se añade al valor de adquisición o coste de producción del bien o servicio el margen habitual en operaciones idénticas o similares con personas o entidades independientes o, en su defecto, el margen que personas o entidades independientes aplican a operaciones equiparables, efectuando, si fuera preciso, las correcciones necesarias para obtener la equivalencia y considerar las particularidades de la operación.
> c) Método del precio de reventa, por el que se sustrae del precio de venta de un bien o servicio el margen que aplica el propio revendedor en operaciones idénticas o similares con personas o entidades independientes o, en su defecto, el margen que personas o entidades independientes aplican a operaciones equiparables, efectuando, si fuera preciso, las correcciones necesarias para obtener la equivalencia y considerar las particularidades de la operación.

d) Método de la distribución del resultado, por el que se asigna a cada persona o entidad vinculada que realice de forma conjunta una o varias operaciones la parte del resultado común derivado de dicha operación u operaciones, en función de un criterio que refleje adecuadamente las condiciones que habrían suscrito personas o entidades independientes en circunstancias similares.

e) Método del margen neto operacional, por el que se atribuye a las operaciones realizadas con una persona o entidad vinculada el resultado neto, calculado sobre costes, ventas o la magnitud que resulte más adecuada en función de las características de las operaciones idénticas o similares realizadas entre partes independientes, efectuando, cuando sea preciso, las correcciones necesarias para obtener la equivalencia y considerar las particularidades de las operaciones.

La elección del método de valoración tendrá en cuenta, entre otras circunstancias, la naturaleza de la operación vinculada, la disponibilidad de información fiable y el grado de comparabilidad entre las operaciones vinculadas y no vinculadas.

Cuando no resulte posible aplicar los métodos anteriores, se podrán utilizar otros métodos y técnicas de valoración generalmente aceptados que respeten el principio de libre competencia.

(...)».

Por tanto, socio y sociedad son partes vinculadas, y las operaciones que realicen entre ellos deben considerarse operaciones vinculadas y valorarse por su valor de mercado.

El artículo 15 de la LIS regula los gastos que no serán fiscalmente deducibles:

«No tendrán la consideración de gastos fiscalmente deducibles:

a) Los que representen una retribución de los fondos propios.

A los efectos de lo previsto en esta Ley, tendrá la consideración de retribución de fondos propios, la correspondiente a los valores representativos del capital o de los fondos propios de entidades, con independencia de su consideración contable.

Asimismo, tendrán la consideración de retribución de fondos propios la correspondiente a los préstamos participativos otorgados por entidades que formen parte del mismo grupo de sociedades según los criterios establecidos en el artículo 42 del Código de Comercio, con independencia de la residencia y de la obligación de formular cuentas anuales consolidadas.

(...)

e) Los donativos y liberalidades.

No se entenderán comprendidos en esta letra e) los gastos por atenciones a clientes o proveedores ni los que con arreglo a los usos y costumbres se efectúen con respecto al personal de la empresa ni los realizados para promocionar, directa o indirectamente, la venta de bienes y prestación de servicios, ni los que se hallen correlacionados con los ingresos.

No obstante, los gastos por atenciones a clientes o proveedores serán deducibles con el límite del 1 por ciento del importe neto de la cifra de negocios del período impositivo.

Tampoco se entenderán comprendidos en esta letra e) las retribuciones a los administradores por el desempeño de funciones de alta dirección, u otras funciones derivadas de un contrato de carácter laboral con la entidad.

(…)».

Por su parte, el artículo 25.1 de la LIRPF señala:

«Tendrán la consideración de rendimientos íntegros del capital mobiliario los siguientes:

1. Rendimientos obtenidos por la participación en los fondos propios de cualquier tipo de entidad.

Quedan incluidos dentro de esta categoría los siguientes rendimientos, dinerarios o en especie:

a) Los dividendos, primas de asistencia a juntas y participaciones en los beneficios de cualquier tipo de entidad.

b) Los rendimientos procedentes de cualquier clase de activos, excepto la entrega de acciones liberadas que, estatutariamente o por decisión de los órganos sociales, faculten para participar en los beneficios, ventas, operaciones, ingresos o conceptos análogos de una entidad por causa distinta de la remuneración del trabajo personal.

c) Los rendimientos que se deriven de la constitución o cesión de derechos o facultades de uso o disfrute, cualquiera que sea su denominación o naturaleza, sobre los valores o participaciones que representen la participación en los fondos propios de la entidad.

d) Cualquier otra utilidad, distinta de las anteriores, procedente de una entidad por la condición de socio, accionista, asociado o partícipe.

(…)».

Por otro lado, el artículo 18.11 de la LIS dispone:

«11. En aquellas operaciones en las que se determine que el valor convenido es distinto del valor de mercado, la diferencia entre ambos valores tendrá, para las personas o entidades vinculadas, el tratamiento fiscal que corresponda a la naturaleza de las rentas puestas de manifiesto como consecuencia de la existencia de dicha diferencia.

En particular, en los supuestos en los que la vinculación se defina en función de la relación socios o partícipes-entidad, la diferencia tendrá, con carácter general, el siguiente tratamiento:

a) Cuando la diferencia fuese a favor del socio o partícipe, la parte de la misma que se corresponda con el porcentaje de participación en la entidad se considerará como retribución de fondos propios para la entidad y como participación en beneficios para el socio. La parte de la diferencia que no se corresponda con aquel porcentaje, tendrá para la entidad la consideración de retribución de fondos propios y para el socio o partícipe de utilidad percibida de una entidad por la condición de socio, accionista, asociado o partícipe de acuerdo con lo previsto en el artículo 25.1.d) de la Ley 35/2006, de 28 de noviembre, del Impuesto sobre la Renta de las Personas Físicas y de modificación parcial de las leyes de los Impuestos sobre Sociedades, sobre la Renta de no Residentes y sobre el Patrimonio.

b) Cuando la diferencia fuese a favor de la entidad, la parte de la diferencia que se corresponda con el porcentaje de participación en la misma tendrá la consideración de aportación del socio o partícipe a los fondos propios de la entidad, y aumentará el valor de adquisición de la participación del socio o partícipe. La parte de la diferencia que no se corresponda con el porcentaje de participación en la entidad, tendrá la consideración de renta para la entidad, y de liberalidad para el socio o partícipe. Cuando se trate de contribuyentes del Impuesto sobre la Renta de no Residentes sin establecimiento permanente, la renta se considerará como ganancia patrimonial de acuerdo con lo previsto en el artículo 13.1.i).4.º del texto refundido de la Ley del Impuesto sobre la Renta de no Residentes, aprobado por el Real Decreto Legislativo 5/2004, de 5 de marzo.

No se aplicará lo dispuesto en este apartado cuando se proceda a la restitución patrimonial entre las personas o entidades vinculadas en los términos que reglamentariamente se establezcan. Esta restitución no determinará la existencia de renta en las partes afectadas».

La cesión patrimonial que realiza la empresa al socio, que no se corresponda con una retribución por las actividades que realice para la entidad, de forma gratuita, no solo no es un gasto deducible, sino que genera, a efectos del Impuesto sobre Sociedades, la obtención de una renta presunta.

Por ejemplo, en el caso de una cesión de un inmueble de la sociedad a un socio para que este lo destine a su vivienda, sin que el inmueble se impute al socio como rendimiento en especie, la empresa se deberá imputar la renta que habría obtenido por el alquiler de dicho inmueble. Además, al tratarse de una operación vinculada, debe valorarse a precio de mercado, es decir, el que se habría cobrado por la misma cesión a un tercero ajeno.

En este sentido, el Tribunal Supremo se pronunció en la sentencia n.º 526/2022, de 4 de mayo, ECLI:ES:TS:2022:1850, estableciendo, en los casos en que la cesión al socio no se califique jurídico-tributariamente como rendimientos de trabajo en especie, que:

«(...) la cesión de uso o puesta a disposición de los vehículos automóviles de los que es titular una sociedad en favor de sus socios debe tributar como rendimiento del capital mobiliario en el IRPF de los cesionarios y, en la medida que constituyan una operación vinculada, resultan aplicables para su valoración las reglas establecidas en el artículo 41 LIRPF».

Por contra, **cuando la cesión se realice a favor de un socio por la actividad que realiza para la sociedad,** es decir, cuando responda a la retribución en especie de una prestación de servicios real y efectiva, **sí será un gasto deducible en cuanto esté debidamente contabilizado, justificado y correlacionado con la actividad.** En este sentido, se pronuncia el Tribunal Supremo en la sentencia n.º 950/2022, de 6 de julio, ECLI:ES:TS:2022:3077, donde señala:

«(...)en función de lo razonado precedentemente, los gastos relativos a la retribución que perciba un socio mayoritario no administrador, como consecuencia de los servicios prestados en favor de la actividad empresarial de la sociedad, constituyen gastos fiscalmente deducibles a efectos del Impuesto sobre Sociedades, cuando observando las condiciones legalmente establecidas a efectos mercantiles y laborales, dicho gasto acredite la correspondiente inscripción contable, se impute con arreglo a devengo y revista justificación documental».

JURISPRUDENCIA

Sentencia del Tribunal Supremo n.º 498/2022, de 27 de abril, ECLI:ES:TS:2022:1702

Asunto: calificación jurídico-tributaria, en sede del impuesto sobre la renta del socio, de la cesión de uso o puesta a disposición, en favor de este, de los vehículos de la sociedad, así como su valoración.

«En cualquier caso, los rendimientos del capital se definen desde una perspectiva integral, en el sentido de comprender "la totalidad de las utilidades o contraprestaciones, cualquiera que sea su denominación o naturaleza, dinerarias o en especie, que provengan, directa o indirectamente, de elementos patrimoniales, bienes o derechos, cuya titularidad corresponda al contribuyente y no se hallen afectos a actividades económicas realizadas por éste" (apartado primero, artículo 21 LIRPF).

Mas en particular, el apartado primero, artículo 25 LIRPF califica como rendimientos íntegros del capital mobiliario, los obtenidos por la participación en los fondos propios de cualquier tipo de entidad quedando "incluidos dentro de esta categoría los siguientes rendimientos, dinerarios o en especie: [...] d) Cualquier otra utilidad, distinta de las anteriores, procedente de una entidad por la condición de socio, accionista, asociado o partícipe". Estos términos tan amplios permiten calificar como rendimiento del capital mobiliario la puesta a disposición por parte de la sociedad, en favor del socio, de los vehículos de los que aquella sea titular, puesta a disposición que, con independencia de su utilidad efectiva, constituye, sin lugar a duda, una ventaja o utilidad para el socio, conformadora del hecho imponible del impuesto.

Por lo demás, la relación entre sociedad y socio, enmarcada en el ámbito del derecho mercantil, resulta ajena al ámbito estrictamente laboral, por lo que no cabe calificar dicha renta como rendimientos de trabajo (...)

A los efectos del presente recurso, la cesión de uso o puesta a disposición de los vehículos automóviles de los que es titular una sociedad en favor de sus socios debe tributar como rendimiento del capital mobiliario en el IRPF de los cesionarios y, en la medida que constituyan una operación vinculada, resultan aplicables para su valoración las reglas establecidas en el artículo 41 LIRPF».

Sentencia del Tribunal Supremo n.º 1098/2022, de 26 de julio, ECLI:ES:TS:2022:3164

Asunto: método de valoración de las rentas de capital mobiliario en especie en el IRPF en operaciones vinculadas

«La cuestión con interés casacional consiste en esclarecer si, en los casos de abono de rendimientos en especie del artículo 25.1.d) LIPRPF entre partes vinculadas, se debe aplicar la normativa del impuesto de sociedades a partir del artículo 41 LIRPF (...) o, por el contrario, puede acudirse al artículo 43 LIRPF.

(...)

Tanto el artículo 41 LIRPF (...) como el artículo 43 LIRPF confluyen en una estimación, basada en el valor de mercado. Consecuentemente, cabría preguntarse cuál es la diferencia real entre ambos preceptos (...) mientras que por la vía del artículo 41

LIRPF (...) deben aplicarse una serie de métodos de valoración y normas procedimentales que, (...) no modulan, en cambio,, la valoración efectuada por la vía del 43 LIRPF, circunstancia que, en la práctica, arroja sensibles diferencias económicas.

(...) nadie ha planteado explícitamente si, para acudir al art 41 LIRPF es suficiente con que la sociedad y el socio sean partes vinculadas (debemos insistir, el dato es indiscutible) o si, lo importante, a los efectos de aplicar el artículo 41 LIRPF, no es la vinculación en sí misma, sino la realización de 'operaciones' entre las partes.

(...)

(...) nos encontramos con rentas en especie si bien, su concreta calificación jurídica es la de rendimientos del capital mobiliario en especie, que no tienen un reflejo específico o, mejor dicho, no son objeto de una 'especialidad' valorativa en el artículo 43 LIRPF, toda vez que ese precepto únicamente establece unas reglas especiales de valoración con relación a los 'rendimientos del trabajo en especie' y a las 'ganancias patrimoniales en especie' pero no respecto de rendimientos del capital mobiliario en especie.

(...) en los casos de rentas en especie, su valoración se realizará según las (...) reglas valoración deben ser las contenidas en el artículo 41 LIRPF, precepto que no excluye a los rendimientos de capital mobiliario en especie».

3.4. Gastos de desplazamientos del socio para la realización de la actividad (comidas, gastos de viaje, locomoción, etc.)

Si el socio realiza determinados gastos de desplazamiento, comidas o estancias en el marco de la actividad, siempre que el gasto esté debidamente justificado y acreditado, será deducible para la empresa. No obstante, debe existir una correspondencia entre el gasto y la actividad. En este sentido se pronuncia la Dirección General de Tributos en la consulta vinculante (V2399-21), de 23 de agosto de 2021, señalando:

«Por tanto, todo gasto contable será, a efectos del Impuesto sobre Sociedades, siempre que cumpla las condiciones legalmente establecidas, en términos de inscripción contable, imputación con arreglo a devengo y justificación documental, y siempre que no tenga la consideración de gasto fiscalmente no deducible por aplicación de algún precepto específico establecido en la LIS.

De acuerdo con lo anterior, los gastos relativos a las retribuciones que perciban los socios en su condición de trabajadores serán gastos fiscalmente deducibles a efectos del Impuesto sobre Sociedades, siempre que cumplan las condiciones legalmente establecidas a efectos mercantiles y laborales, respectivamente, así como los requisitos de inscripción contable, imputación con arreglo a devengo y justificación documental, previamente señalados».

Por tanto, si el socio mantiene una relación laboral con la empresa, será deducible el gasto, siempre que cumpla el resto de los requisitos para la deducibilidad del mismo.

Por otro lado, el Tribunal Supremo, en la sentencia n.º 950/2022, de 6 de julio, ECLI:ES:TS:2022:3077, estableció:

> «De conformidad con el artículo 93.1 LJCA, en función de lo razonado precedentemente, los gastos relativos a la **retribución que perciba un socio mayoritario no administrador, como consecuencia de los servicios prestados en favor de la actividad empresarial de la sociedad, constituyen gastos fiscalmente deducibles a efectos del Impuesto sobre Sociedades,** cuando observando las condiciones legalmente establecidas a efectos mercantiles y laborales, dicho gasto acredite la correspondiente inscripción contable, se impute con arreglo a devengo y revista justificación documental».

Con esta interpretación viene a permitir la deducibilidad como gasto de las retribuciones que se abonen al socio por la prestación de servicios a favor de lo entidad. Por tanto, si el socio incurre en gastos de locomoción, comidas u otros gastos de viaje dentro del marco de la realización de la actividad empresarial de la sociedad, la retribución de dicho gasto será deducible en el Impuesto sobre Sociedades.

En dicha sentencia, el Tribunal Supremo pone el énfasis en atender a la causa o a la finalidad que determina la existencia del gasto. Así, la retribución abonada no será deducible si responde a la simple condición de socio, accionista o partícipe, pero lo será cuando obedezca a la actividad desarrollada o al servicio efectivamente prestado.

En cuanto a la justificación de que el gasto obedece a la actividad desarrollada, debemos recordar que el Tribunal Supremo en la sentencia n.º 458/2021, de 30 de marzo, ECLI:ES:TS:2021:1233, señaló que «si bien no existe una regulación precisa sobre qué ha de entenderse por correlación entre ingresos y gastos, unos y otros conforman la gestión financiera de la actividad empresarial que como tal se proyecta, habitualmente, mediante la realización de un conjunto de acciones dirigidas a la obtención de un mejor resultado, lo que justifica que **la relación entre gastos e ingresos pueda ser tanto directa como indirecta, agotándose en el momento de la realización de una concreta operación o proyectándose de futuro**».

En el mismo sentido se expresó nuestro Alto Tribunal en la STS n.º 1263/2022, de 6 de octubre, ECLI:ES:TS:2022:3595:

> «(...)lo relevante es analizar el principio de correlación entre gastos y los ingresos de la sociedad en términos generales, y no específicamente la relativa a los gastos calificables como donativos y liberalidades. Y en este ámbito más general, no cabe concebir esta correlación como la existente entre una determinada operación o proyecto que tienda a reportar un ingreso también singularizado, sino con el conjunto de la gestión económica de la sociedad.
>
> (...)

Examinada desde esta perspectiva más global, es obvio que la operación de financiación objeto de controversia permite a la sociedad conservar sus recursos propios en lugar de disponer de los mismos para abonar los dividendos a repartir, pero no por ello deja de estar correlacionado con el ejercicio de la actividad empresarial. También resulta evidente que la misma finalidad podría haberse conseguido acudiendo a una financiación de terceros (aunque no se ha cuestionado que la del caso se atiene a los costes de mercado) o disponiendo de los fondos propios, como sostiene la Administración, posibilidad que, por otra parte, estaría condicionada por una serie de aspectos como el tipo de activos, el grado de liquidez, etc. Pero esta es una decisión que corresponde a los órganos gestores de la sociedad, y en modo alguno cabe someter las condiciones de deducibilidad de los gastos al juicio de valor que pretende la Administración, que debe limitarse a verificar si concurren los requisitos y condiciones que han sido fijadas por la ley tributaria (principio de legalidad y reserva de ley) y a las que deben atenerse tanto la Administración como los contribuyentes. **En conclusión, hay que insistir en la idea de que, cuando no haya de ser corregido por la aplicación de las normas fiscales, el gasto contable será gasto deducible**; en concreto, un gasto financiero como el que analizamos, que es necesario para hacer frente al préstamo referido, sobre lo que no ha existido discusión ni controversia, es un gasto contable y como tal fue registrado, justificado en los períodos que nos ocupa e imputado temporalmente, luego es un gasto fiscalmente deducible».

3.5. Retribución de familiares

En muchos casos, las pequeñas y medianas empresas son negocios que emplean a distintos miembros de la familia en su seno o que aprovechan su actividad para que otros parientes que trabajan por su cuenta puedan también desempeñarse gracias a ella. Y, justamente, el vínculo de parentesco que en tales casos liga a los socios o administradores de la entidad con los trabajadores o contratados por la misma hace que la deducción de sus remuneraciones en el IS esté sometida a un especial control, a fin de evitar situaciones de fraude.

No en vano, cuando existan determinados parentescos, se tratará de **operaciones vinculadas**, de conformidad con el artículo 18 de la LIS, que **deberán valorarse por su valor de mercado** (entendido como aquel que se habría acordado por personas o entidades independientes en condiciones que respeten el principio de libre competencia).

En concreto y a tenor del artículo 18.2 de la LIS, se considerarán personas o entidades vinculadas las siguientes:

- Una entidad y los cónyuges o personas unidas por relaciones de parentesco, en línea directa o colateral, por **consanguinidad o afinidad hasta el tercer grado de los socios o partícipes, consejeros o administradores.**

- Dos entidades en las cuales los mismos socios, partícipes o sus cónyuges, o personas unidas por relaciones de parentesco, en línea directa o colateral, por consanguinidad o afinidad hasta el tercer grado, participen, directa o indirectamente en, al menos, el 25 % del capital social o los fondos propios.

> **A TENER EN CUENTA.** En este punto, y por lo que se refiere a las reglas de valoración aplicables en caso de operaciones vinculadas, nos remitimos a lo ya apuntado en el epígrafe correspondiente a la retribución del socio por funciones distintas de las propias del cargo de administrador.

Al margen de ello, el gasto contable correspondiente a la retribución de los familiares será **fiscalmente deducible a efectos del IS, siempre que cumpla las condiciones legalmente establecidas en términos de inscripción contable, imputación temporal, correlación con los ingresos y justificación documental**. Siendo, además, necesario que su valoración se efectúe a valor de mercado, conforme a lo dispuesto en el artículo 18 de la LIS y que no tenga la consideración de gasto no deducible por aplicación de algún precepto de la LIS.

En la medida en que el artículo 15 de la LIS excluye la deducibilidad de los gastos que representen una retribución de los fondos propios y de los donativos y liberalidades, la deducibilidad de estas remuneraciones exige que las mismas sean necesarias para la obtención de los ingresos y que, además de estar justificadas documentalmente, respondan a una efectiva prestación de servicios. No en vano, **la realidad de la prestación del servicio es un presupuesto indispensable para la deducción del gasto** que constituya su contraprestación. A estos efectos, no puede olvidarse que corresponde a quien pretende la deducción acreditar, no solo la existencia del gasto, sino también su naturaleza y finalidad, o, lo que es lo mismo, la conexión existente entre el gasto realizado y la generación de rendimientos (artículo 105.1 de la LGT).

> **RESOLUCIONES ADMINISTRATIVAS**
>
> **Consulta vinculante de la Dirección General de Tributos (V2018-21), de 6 de julio de 2021**
>
> **Asunto: deducibilidad en el IS de la retribución abonada por una sociedad al hijo de los socios, dado de alta como colaborador familiar societario.**
>
> *«(...) todo gasto contable será gasto fiscalmente deducible a efectos del Impuesto sobre Sociedades, siempre que cumpla las condiciones legalmente establecidas, en términos de inscripción contable, imputación con arreglo a devengo y justificación documental, siempre que su valoración se efectúe a valor de mercado con arreglo a lo dispuesto en el artículo 18 de la LIS, previamente transcrito, y que no tenga la consideración de gasto fiscalmente no deducible por aplicación de algún precepto específico establecido en la LIS.*
>
> *Por tanto, en el caso concreto planteado, en la medida en que la retribución satisfecha al descendiente de los socios, así como su correspondiente cotización a la Seguridad Social respondan a la contraprestación del trabajo que éste presta a la entidad consultante, podrán tener la consideración de gastos fiscalmente deducibles, siempre que se cumplan los requisitos señalados más arriba y que su valoración se efectúe a valor de mercado, con arreglo a lo dispuesto en el artículo 18 de la LIS».*

> **Consulta vinculante de la Dirección General de Tributos (V2161-21), de 29 de julio de 2021**
>
> **Asunto: método de valoración de las prestaciones de servicios de un socio profesional a una entidad vinculada.**
>
> *«(...)el artículo 18.6 de la LIS se limita a señalar que la valoración de mercado en los casos de prestaciones de servicios por un socio profesional persona física a una entidad vinculada, en la medida en que se cumplan requisitos que establece, será el valor convenido por las partes.*
>
> *No obstante, en el escrito de consulta no se aportan datos suficientes para determinar si se cumplen los requisitos exigidos en dicho precepto, por lo que este Centro Directivo no puede pronunciarse sobre la aplicación del referido precepto.*
>
> *En caso de no cumplirse los requisitos establecidos en el artículo 18.6 de la LIS, las operaciones efectuadas entre personas o entidades vinculadas se valorarán por su valor de mercado, tal y como establece el artículo 18.1 de la LIS. En tal caso, para la determinación del valor de mercado se aplicará cualquiera de los métodos recogidos en el apartado 4 del artículo 18 de la LIS».*

3.6. Gastos vinculados a vehículos de turismo utilizados para la actividad

Otro supuesto muy común es aquel en el que la sociedad tiene a su disposición un vehículo que destina al desarrollo de la actividad. Por ejemplo, cuando se utilice para los desplazamientos de sus trabajadores o para el reparto de productos. Por otra parte, conviene tener presente que la sociedad puede contar con dicho vehículo en propiedad o bien disponer de él por otros conceptos (como en el caso del *renting* o *leasing*).

A TENER EN CUENTA. En el *renting*, una de las partes (el arrendador empresarial) se obliga a ceder a la otra (el arrendatario empresarial), el uso de un bien de utilización empresarial por un tiempo determinado y a cambio del pago de un precio, que normalmente consistirá en una cuota periódica de arrendamiento; quedando a cargo del arrendador las prestaciones propias del mantenimiento del bien cuyo uso se cede en las condiciones de utilización más adecuadas. Por el contrario, en el caso del *leasing*, la propiedad del bien (en este caso, el vehículo) no se adquiere hasta que no se ejerce la opción de compra; motivo por el que deben contabilizarse del mismo modo que los contratos de arrendamiento financiero. A tales efectos, la disposición adicional 3.ª de la Ley 10/2014, de 26 de junio, de ordenación, supervisión y solvencia de entidades de crédito, indica que «tendrán la consideración de operaciones de arrendamiento financiero aquellos contratos que tengan por objeto exclusivo la cesión del uso de bienes muebles o inmuebles, adquiridos para dicha finalidad según las especificaciones del futuro usuario, a cambio de una contraprestación consistente en el abono periódico de cuotas. Los bienes objeto de cesión habrán de quedar afectados por el usuario únicamente a sus explotaciones agrícolas, pesqueras, industriales, comerciales, artesanales, de servicios o profesionales. El contrato de arrendamiento financiero incluirá necesariamente una opción de compra, a su término, en favor del usuario (...)».

Cuando el vehículo esté destinado a servir de forma duradera en las actividades de la sociedad y tenga la consideración de inmovilizado material, el artículo 12 de la LIS señala que «serán deducibles las cantidades que, en concepto de amortización del inmovilizado material, intangible y de las inversiones inmobiliarias, correspondan a la depreciación efectiva que sufran los distintos elementos por funcionamiento, uso, disfrute u obsolescencia». A estos efectos, se considerará que la depreciación es efectiva cuando cumpla alguno de los criterios que señala el artículo 12.1 de la LIS:

- El resultado de aplicar:

  - Los coeficientes de amortización lineal establecidos en las tablas oficialmente aprobadas.

  - Un porcentaje constante sobre el valor pendiente de amortización, que se determinará ponderando el coeficiente de amortización lineal obtenido a partir del período de amortización según tablas de amortización oficialmente aprobadas por determinados coeficientes (los edificios, mobiliario y enseres no podrán acogerse a la amortización mediante porcentaje constante).

  - El método de los números dígitos (los edificios, mobiliario y enseres no podrán acogerse a la amortización mediante números dígitos).

- Se ajuste a un plan formulado por el contribuyente y aceptado por la Administración tributaria.

- El contribuyente justifique su importe.

Por lo tanto, **serán deducibles en el IS los gastos derivados de la amortización del vehículo en el caso de adquisición en propiedad (no el importe de su adquisición), así como el gasto contable relativo al** *renting*. Aunque, siempre que, además, se cumplan **las condiciones legalmente establecidas en los términos de inscripción contable, correlación con los ingresos, imputación con arreglo a devengo y justificación documental,** y que el gasto no se califique como no deducible por algún precepto de la LIS.

A diferencia de lo que sucede en los supuestos anteriores, en el caso del *leasing*, la propiedad del bien no se adquiere hasta que se ejerza la opción de compra. A estos efectos, el artículo 106 de la LIS regula el régimen fiscal de determinados contratos de arrendamiento financiero, señalando lo siguiente:

«1. Lo previsto en este artículo se aplicará a los contratos de arrendamiento financiero en los que el arrendador sea una entidad de crédito o un establecimiento financiero de crédito.

2. Los contratos a que se refiere el apartado anterior tendrán una duración mínima de 2 años cuando tengan por objeto bienes muebles y de 10 años cuando tengan por objeto bienes inmuebles o establecimientos industriales. No obstante, reglamentariamente, para evitar prácticas abusivas, se podrán establecer otros plazos mínimos de duración en función de las características de los distintos bienes que puedan constituir su objeto.

3. Las cuotas de arrendamiento financiero deberán aparecer expresadas en los respectivos contratos diferenciando la parte que corresponda a la recuperación del coste del bien por la entidad arrendadora, excluido el valor de la

opción de compra y la carga financiera exigida por ella, todo ello sin perjuicio de la aplicación del gravamen indirecto que corresponda.

4. El importe anual de la parte de las cuotas de arrendamiento financiero correspondiente a la recuperación del coste del bien deberá permanecer igual o tener carácter creciente a lo largo del período contractual.

5. Tendrá, en todo caso, la consideración de gasto fiscalmente deducible la carga financiera satisfecha a la entidad arrendadora.

6. La misma consideración tendrá la parte de las cuotas de arrendamiento financiero satisfechas correspondiente a la recuperación del coste del bien, salvo en el caso de que el contrato tenga por objeto terrenos, solares y otros activos no amortizables. En el caso de que tal condición concurra sólo en una parte del bien objeto de la operación, podrá deducirse únicamente la proporción que corresponda a los elementos susceptibles de amortización, que deberá ser expresada diferenciadamente en el respectivo contrato.

El importe de la cantidad deducible de acuerdo con lo dispuesto en el párrafo anterior no podrá ser superior al resultado de aplicar al coste del bien el duplo del coeficiente de amortización lineal según tablas de amortización oficialmente aprobadas que corresponda al citado bien. El exceso será deducible en los períodos impositivos sucesivos, respetando igual límite. Para el cálculo del citado límite se tendrá en cuenta el momento de la puesta en condiciones de funcionamiento del bien. Tratándose de los contribuyentes a los que se refiere el Capítulo XI del Título VII de esta Ley, se tomará el duplo del coeficiente de amortización lineal según tablas de amortización oficialmente aprobadas multiplicado por 1,5.

7. La deducción de las cantidades a que se refiere el apartado anterior no estará condicionada a su imputación contable en la cuenta de pérdidas y ganancias.

8. Las entidades arrendatarias podrán optar, a través de una comunicación al Ministerio de Hacienda y Administraciones Públicas en los términos que reglamentariamente se establezcan, por establecer que el momento temporal a que se refiere el apartado 6 se corresponde con el momento del inicio efectivo de la construcción del activo, atendiendo al cumplimiento simultáneo de los siguientes requisitos:

a) Que se trate de activos que tengan la consideración de elementos del inmovilizado material que sean objeto de un contrato de arrendamiento financiero, en el que las cuotas del referido contrato se satisfagan de forma significativa antes de la finalización de la construcción del activo.

b) Que la construcción de estos activos implique un período mínimo de 12 meses.

c) Que se trate de activos que reúnan requisitos técnicos y de diseño singulares y que no se correspondan con producciones en serie.

En los supuestos de pérdida o inutilización definitiva del bien por causa no imputable al contribuyente y debidamente justificada, no se integrará en la base imponible del arrendatario la diferencia positiva entre la cantidad deducida en concepto de recuperación del coste del bien y su amortización contable».

Por lo tanto, cabría distinguir dos supuestos:

- **Si el contrato de *leasing* responde a las condiciones del artículo 106 de la LIS, la carga financiera abonada a la entidad arrendadora** y la parte de las cuotas de arrendamiento financiero satisfechas correspondiente a la recuperación del coste del bien (esta última con el límite del importe que resulte de aplicar a dicho coste el duplo —el triple, si tiene la consideración de empresa de reducida dimensión— del coeficiente de amortización lineal según tablas de amortización oficialmente aprobadas que corresponda al citado bien) tendrán la consideración de gasto fiscalmente deducible. El exceso será deducible en los períodos impositivos sucesivos, respetando igual límite. Una vez se deje de satisfacer cuotas de arrendamiento, y en la medida en que el bien continúe perteneciendo al inmovilizado de la sociedad y no esté fiscalmente amortizado en su totalidad, restándole aún vida útil, podrá continuar su amortización en base a las reglas generales aplicables de la LIS.

- **Si el contrato no reúne los requisitos de dicho precepto, tendrá la consideración de gasto fiscalmente deducible la carga financiera satisfecha, así como un importe equivalente a las cuotas de amortización** que, de acuerdo con los sistemas de amortización establecidos en el artículo 12.1 de la LIS, corresponderían al bien objeto del contrato.

Con respecto al contrato de *leasing*, conviene destacar asimismo que, si la intención de la sociedad fuese no ejercitar la opción de compra, las cantidades correspondientes al arrendamiento del vehículo tendrán el carácter de deducibles cuando tengan una correlación con la obtención de los ingresos de la actividad empresarial desarrollada, de conformidad con el segundo párrafo del artículo 15.1.e) de la LIS.

Finalmente, y por lo que se refiere a los **demás gastos ligados al vehículo (como serían los de combustible, reparaciones, conservación, impuestos o seguros vinculados, etc.), serán deducibles en la medida en que el vehículo se utilice para realizar la actividad** de la sociedad. Para ello, una vez más, será preciso que se cumplan los requisitos generales que posibilidad la deducción de gastos en el IS.

RESOLUCIONES ADMINISTRATIVAS

Consulta vinculante de la Dirección General de Tributos (V2802-23), de 16 de octubre de 2023

Asunto: deducibilidad en el IS de los gastos de la carga financiera y las cuotas satisfechas.

«Por tanto, si el contrato de renting, responde a las condiciones señaladas (...), tendrán la consideración de gasto fiscalmente deducible la carga financiera satisfecha a la entidad arrendadora y la parte de las cuotas de arrendamiento financiero satisfechas correspondiente a la recuperación del coste del bien, esta última con el límite del importe que resulte de aplicar a dicho coste el duplo (el triple, si tiene la consideración de empresa de reducida dimensión) del coeficiente de amortización lineal según tablas de amortización oficialmente aprobadas que corresponda al citado bien. El exceso será deducible en los períodos impositivos sucesivos, respetando igual límite.

Caso de que el contrato no reúna los requisitos previstos en el artículo 106 de la Ley del Impuesto sobre Sociedades, tendrá la consideración de gasto fiscalmente deducible la carga financiera satisfecha así como un importe equivalente a las cuotas de amorti-

zación que, de acuerdo con los sistemas de amortización establecidos en el apartado 1 del artículo 12 de la citada Ley, corresponderían al bien objeto del contrato.

El tratamiento expuesto anteriormente, se corresponde con el método de estimación directa modalidad normal.

En el supuesto de modalidad simplificada, las amortizaciones se practicarán de forma lineal conforme a la tabla simplificada referida en el artículo 30.1.ª del Reglamento del Impuesto sobre la Renta de las Personas Físicas, aprobada por Orden de 27 de marzo de 1998.

En ambos casos, la adquisición en la modalidad de renting del vehículo objeto de consulta, siempre que no existan dudas razonadas de que se ejercitará la opción de compra o renovación, se encuadre o no dentro de lo prescrito en el artículo 106 de la Ley del Impuesto sobre Sociedades, constituye una inversión.

Por último, señalar que si la intención del consultante fuese no ejercitar la opción de compra, además de no constituir un elemento patrimonial afecto, la deducibilidad como alquiler en el régimen de estimación directa deberá observar lo establecido en el artículo 10 de la Ley del Impuesto sobre Sociedades en cuanto a la determinación de la base imponible, y, en particular, su artículo 15.1.e)

Por otro lado, existirá la obligación de presentar la autoliquidación por los incrementos de patrimonio obtenidos a título lucrativo por personas físicas por la adquisición de bienes y derechos por donación o cualquier otro negocio a título gratuito e inter vivos o la percepción de cantidades por los beneficiarios de contratos de seguro sobre la vida cuando el contratante sea persona distinta del beneficiario, salvo en los supuestos expresamente regulados en el apartado a) del artículo 18 de la Norma Foral del Impuesto sobre la Renta de las Personas Física, exigiéndose, en el supuesto de percepciones correspondientes a contratos de seguro sobre la vida para causa de muerte del asegurado, que todos los adquirentes interesados en el seguro estén incluidos en el mismo documento o declaración».

Consulta vinculante de la Dirección General de Tributos (V2097-22), de 30 de septiembre de 2022

Asunto: si una entidad que precisa adquirir vehículos en propiedad o por medio de un renting para la gestión diaria que sus socios realizan en la sociedad, puede deducirse dicho coste.

«(...) en la medida que los vehículos objeto de la consulta se utilicen para el desarrollo de la actividad de la entidad consultante, tanto el gasto contable derivado de la amortización en el caso de adquisición en propiedad (tomando en consideración la depreciación efectiva en los términos señalados en el artículo 12 de la LIS) como el gasto contable relativo al renting serán fiscalmente deducible a efectos del Impuesto sobre Sociedades, siempre que se cumplan las condiciones legalmente establecidas en términos de inscripción contable, imputación con arreglo a devengo y justificación documental, y siempre que no tenga la consideración de gasto fiscalmente no deducible por aplicación de algún precepto específico establecido en la LIS».

Consulta vinculante de la Dirección General de Tributos (V0097-23), de 30 de enero de 2023

Asunto: posibilidad de deducir la adquisición de vehículos para cumplir con las restricciones por motivos de contaminación ambiental.

«(...) dado que en el escrito de consulta se indica que el vehículo objeto de la misma se utilizará para el desarrollo de la actividad de la entidad consultante, el gasto relativo a la amortización del vehículo será fiscalmente deducible a efectos del Impuesto sobre Sociedades, siempre que cumpla las condiciones legalmente establecidas en términos

de inscripción contable, imputación con arreglo a devengo y justificación documental, siempre que no tenga la consideración de gasto fiscalmente no deducible por aplicación de algún precepto específico establecido en la normativa del Impuesto.

Respecto de los medios de prueba para la justificación del gasto deberá tenerse en cuenta lo dispuesto en materia de prueba en la sección 2.ª del Capítulo II del Título III de la Ley 58/2003, de 17 de diciembre, General Tributaria. En particular, habrá que estar a lo señalado en su artículo 106.1, el cual establece que "en los procedimientos tributarios serán de aplicación las normas que sobre medios y valoración de prueba se contienen en el Código Civil y en la Ley 1/2000, de 7 de enero, de Enjuiciamiento Civil, salvo que la ley establezca otra cosa" y en el artículo 105.1 que, en relación con la carga de la prueba, establece que "en los procedimientos de aplicación de los tributos quien haga valer su derecho deberá probar los hechos constitutivos del mismo".

En cuanto a la valoración de las pruebas, hay que señalar que en el ordenamiento jurídico español rige el principio general de valoración libre y conjunta de todas las pruebas aportadas».

CUESTIONES

1. El socio único (persona física) de una entidad contribuyente por el IS utiliza el vehículo de la empresa para fines personales. ¿La sociedad podrá deducirse íntegramente las dotaciones a las amortizaciones del vehículo y las facturas de combustible o reparaciones?

No, tales gastos ligados al vehículo solo podrán ser objeto de deducción en la parte en la que efectivamente se utilicen para realizar la actividad de la sociedad, siempre que se den las condiciones legalmente establecidas en términos de inscripción contable, correlación con los ingresos, imputación con arreglo a devengo y justificación documental, y que el gasto no se califique como no deducible por algún precepto de la LIS. La parte de los gastos que se correspondan con el uso personal por parte del socio se consideraría una retribución en especie de los fondos propios, que no tendría la condición de gasto deducible [por excluirlo expresamente el artículo 15.a) de la LIS].

2. ¿Y si el vehículo de la empresa se utilizase parcialmente por sus trabajadores asalariados?

En la parte correspondiente a la utilización del vehículo para la actividad de la sociedad, los gastos podrán ser objeto de deducción siempre que se cumplan los requisitos generales en términos de inscripción contable, correlación con los ingresos, adecuada imputación temporal y justificación documental, y que no quede expresamente excluida su deducibilidad por algún precepto de la LIS. Sin embargo, la parte correspondiente al empleo del vehículo para uso personal de los trabajadores solo podrá ser objeto de deducción en caso de que se contabilice como retribución en especie para el personal de la empresa, plasmada en nómina y sujeta a la correspondiente retención o ingreso a cuenta.

3.7. La deducibilidad del gasto de la cotización de autónomos

La normativa reguladora de la Seguridad Social obliga a cotizar por el «Régimen de Autónomos» a quienes ejerzan las funciones de dirección y gerencia que conlleva el desempeño del cargo de consejero o administrador, o presten servicios para una sociedad mercantil capitalista, a título lucrativo y de forma habitual, personal y directa, siempre que posean el control efectivo, directo o indirecto, de aquella (artículo 1 de la Ley 20/2007, de 11 de julio, del Estatuto del trabajo autónomo y artículo tercero del Decreto 2530/1970, de 20 de agosto, por el que se regula el régimen especial de la Seguridad Social de los trabajadores por cuenta propia o autónomos). A estos efectos, resumimos la obligación de alta en Régimen Especial de Trabajadores Autónomos (RETA) en el siguiente cuadro:

ADMINISTRADOR O CONSEJERO	Con funciones de dirección y gerencia, retribuido y no poseen +1/4 capital: **régimen general asimilado (sin desempleo ni FOGASA).**
	Si no ejercen funciones de dirección y gerencia y no poseen +1/3 capital: **régimen general.**
	No socios: **régimen general asimilado (sin desempleo ni FOGASA)**
	Con funciones de dirección y gerencia, retribuido y no poseen +1/4 capital o poseen +1/3 capital (ellos o parientes): **RETA**
SOCIOS TRABAJADORES	Con capital superior al 50 %: **RETA**
	Con capital inferior al 50 % — Si tiene funciones de dirección y gerencia y posee + 1/4 capital: **RETA**
	Con capital inferior al 50 % — Si no tiene funciones de dirección y gerencia y no posee + 1/3 capital: **régimen general**
	50 % del capital en manos de familiares hasta el 2.º grado: **RETA**

Por tanto, tendremos en RETA a los socios que ostenten 1/4 del capital y realicen actividades de dirección y gerencia, a socios que posean un tercio del capital social, así como aquellos socios trabajadores que realicen además funciones de dirección y gerencia y posean el 25 % o más del capital social, y aquellos cuya familia hasta el segundo grado posea la mitad o más del capital social de la entidad.

La LIS proporciona una definición en negativo o excluyente de lo que son gastos deducibles, ya que se centra en los no deducibles, por tanto, la regla general debe ser la de la deducibilidad del gasto, sin perjuicio de las salvedades o excepciones que, en cada caso, se establezcan. En este sentido, el artículo 15 de la LIS establece que no serán fiscalmente deducibles los gastos que representen una retribución de los fondos propios.

Respecto de los gastos vinculados a los socios, el Tribunal Supremo se ha pronunciado en las **sentencias n.º 950/2022, de 11 de julio, ECLI:ES:TS:2022:3077, y n.º 961/2022, de 11 de julio, ECLI:ES:TS:2022:2851.** Así, esta última sentencia señala:

> «(...) la óptica que ofrece la normativa del Impuesto sobre Sociedades no debería variar si, en lugar de acreditar el socio una nómina (sueldo), hubiese facturado a la sociedad, es decir, si hubiera percibido las cantidades que se pretende deducir mediante la expedición de las correspondientes facturas por sus servicios, como trabajador autónomo (ambas partes vienen a reconocer que está obligado a causar alta en RETA).

Dicho de otro modo, quizá no sea tan determinante la manera en la que el socio cobraba dichas cantidades, sino que, en realidad, lo esencial es que, de una u otra forma, las mismas constituyan un desembolso para la sociedad, cuya traducción a efectos fiscales sería la de gasto deducible.

(...)

Estando de acuerdo, básicamente, con dicha afirmación, matizamos, no obstante, que lo primordial será atender a la causa o a la finalidad que determina la existencia del gasto. En este sentido, cuando la sentencia se refiere a la retribución de fondos propios, considera que, si el reparto de beneficios "no encuentra su fundamento en la condición de socio, accionista o partícipe del perceptor y retribuye el trabajo de administrador, sí será deducible". La reflexión transcrita debe interpretarse en el sentido de que la retribución abonada no será deducible si responde a la simple condición de socio, accionista o participe, pero lo será cuando obedezca a la actividad desarrollada o al servicio prestado. En definitiva, en casos como el que nos ocupa, evidentemente, nadie puede pretender que, quien realice la actividad o preste el servicio se desprenda o abstraiga de su condición de socio, accionista o participe, razón por la que, el acento deberá ubicarse en la realidad y efectividad de la actividad desarrollada, más que en la condición de socio, accionista o participe de quien la realiza.

(...)

De conformidad con el artículo 93.1 LJCA, en función de lo razonado precedentemente, los gastos relativos a la retribución que perciba un socio mayoritario no administrador, como consecuencia de los servicios prestados en favor de la actividad empresarial de la sociedad, constituyen gastos fiscalmente deducibles a efectos del Impuesto sobre Sociedades, cuando observando las condiciones legalmente establecidas a efectos mercantiles y laborales, dicho gasto acredite la correspondiente inscripción contable, se impute con arreglo a devengo y revista justificación documental.

(...)».

Para el Tribunal Supremo lo trascendente es la realidad de la prestación del servicio, la de su efectiva retribución y, por supuesto, su correlación con la actividad empresarial.

En este punto debemos distinguir entre el socio y el administrador:

- Respecto del **administrador** debemos señalar que el artículo 217 del Real Decreto Legislativo 1/2010, de 2 de julio, por el que se aprueba el texto refundido de la Ley de Sociedades de Capital, establece que el cargo de administrador en las sociedades no cotizadas es gratuito, a menos que los estatutos sociales establezcan lo contrario determinando el sistema de remuneración. El Tribunal Supremo se ha pronunciado recientemente en la sentencia del Tribunal Supremo n.° 449/2024, de 13 de marzo, ECLI:ES:TS:2024:1622, en relación con las retribuciones de los administradores, la previsión de esta en sus estatutos y la imposibilidad de considerar su gasto como una liberalidad, siendo aplicable al abono de las cotizaciones sociales la argumentación:

  «(...) las retribuciones que perciban los administradores de una entidad mercantil, acreditadas y contabilizadas, su no previsión en los en los estatutos sociales, y su incumplimiento no puede comportar, en todo caso, la consideración de liberalidad del gasto y, sin más, la improcedencia de su deducibilidad.

(...)

(...) no es admisible que un gasto salarial que está directamente correlacionado con la actividad empresarial y la obtención de ingresos sea calificado de donativo o liberalidad no deducible.

(...)

(...) la retribución de los administradores como gasto deducible en el Impuesto sobre Sociedades era una cuestión de estricta legalidad, su examen era un examen de legalidad, de sus Estatutos y del ordenamiento jurídico aplicable a la materia (...) por lo que si las retribuciones que perciben los administradores no se ajustan a las normas mercantiles y demás aplicables del ordenamiento jurídico, no puede calificarse como gasto contable, por lo que huelga toda consideración como gasto fiscalmente deducible.

(...)

(...) En definitiva, la no previsión estatutaria no puede comportar, sin más, la negación de una realidad jurídica y material; las previsiones en las normas mercantiles no comportan una presunción iuris et de iure que trasciende al ámbito fiscal, en todo caso, del juego de las previsiones mercantiles debe partirse que si no hay previsión estatutaria, en principio y salvo prueba en contraria, se presume que las cantidades entregadas a los administradores son gratuitas, no hay contraprestación sinalagmática de la que descubrir el carácter oneroso de las mismas, pero cuando se acredita, como es el caso, no cuestionado por demás por las partes, que sí existe onerosidad, que las retribuciones percibidas por los tres miembros del Consejo de administración, en este caso, aparte por la relación laboral que le une con la entidad, responden a los servicios prestados a la misma para obtención de ingresos, desaparece el carácter de gratuidad de las mismas, y de cumplirse el resto de requisitos antes referidos, conforme a las normas fiscales, han de considerarse gastos susceptibles de deducción.

(...)

(...) no cabe aplicar en el ámbito fiscal la teoría del vínculo, menos aún con la extensión que se pretende en el que ni siquiera se repara en las retribuciones que perciben los miembros del consejo de administración en su calidad de empleados por cuenta ajena; tampoco cabe calificar las retribuciones como donativo o liberalidad del artículo 14.1.e del TRLIS, sino que, en principio, son retribuciones, onerosas, que en cuanto han sido acreditadas y contabilizadas, deben considerarse gastos deducibles, sin que su no previsión estatutaria per se le haga perder esta condición, en tanto que por ese sólo hecho no se ha de considerar un acto contrario al ordenamiento jurídico, con el alcance que este tribunal Supremo, antes se ha transcrito pronunciamientos al respecto, le ha dado a dicha expresión».

- Por lo que se refiere al **socio**, lo relevante será que realice actividad para la entidad. Así:

  - Cuando el pago de la cotización de autónomos del socio por parte de la entidad se realice como retribución por la actividad efectiva realizada a favor de esta, para el socio será una retribución en especie y para la sociedad será un gasto deducible, siempre que se cumplan los requisitos en términos de inscripción contable, devengo, correlación de ingresos y gastos y justificación documental.

– Si el abono de la cuota de autónomo del socio no se corresponde con una retribución al mismo por la actividad efectiva realizada para la entidad, el pago de la cotización de autónomos no será gasto deducible para la sociedad al considerarse retribución de fondos propios. Paralelamente, el socio deberá integrar los importes abonados por la sociedad en concepto de su cuota del RETA (o mutualidad alternativa, en su caso) en su declaración de IRPF como rendimientos de capital mobiliario.

RESOLUCIONES ADMINISTRATIVAS

Consulta vinculante de la Dirección General de Tributos (V0067-19), de 14 de enero de 2019

Asunto: si una sociedad paga las cuotas del seguro de autónomos del administrador, declarándolas retribución en especie del administrador, se plantea si puede dicho administrador deducir en su declaración de IRPF el importe de las cuotas del RETA.

«En el Régimen Especial de la Seguridad Social de Trabajadores por Cuenta Propia o Autónomos (RETA), en el que se integran quienes realicen las funciones de dirección y gerencia que conllevan el desempeño del cargo de administrador o consejero, al corresponder la obligación de cotizar a estos últimos, el pago de las correspondientes cuotas por parte de la sociedad dará lugar a una mayor retribución del trabajo.

El artículo 42.1 de la Ley 35/2006, de 28 de noviembre, del Impuesto sobre la Renta de las Personas Físicas y de modificación parcial de las Leyes de los Impuestos sobre Sociedades, sobre la Renta de no Residentes y sobre el Patrimonio (BOE del día 29) establece que "constituyen rentas en especie la utilización, consumo u obtención, para fines particulares, de bienes, derechos o servicios de forma gratuita o por precio inferior al normal de mercado, aun cuando no suponga un gasto real para quien las conceda". Añadiendo en un segundo párrafo que "cuando el pagador de las rentas entregue al contribuyente importes en metálico para que éste adquiera los bienes, derechos o servicios, la renta tendrá la consideración de dineraria".

De acuerdo con este precepto, las cuotas del RETA satisfechas por la sociedad mercantil al administrador de la misma, tendrán la consideración de retribución del trabajo en especie, lo que significa la obligación de efectuar un ingreso a cuenta, ingreso que se añadirá al valor de la renta en especie, salvo que su importe hubiera sido repercutido al perceptor de la renta (artículo 43.2 de la Ley del Impuesto) En cambio, si el pago se realizase mediante entrega de su importe dinerario al consultante, su calificación sería la de retribución dineraria, por lo que el pago a cuenta (la retención) se detraería de aquel importe.

A su vez, dichas cuotas del RETA tendrán la consideración de gasto deducible para la determinación de los rendimientos netos del trabajo, de acuerdo con lo dispuesto en el artículo 19.2.a) de la LIRPF, que considera como tales: "Las cotizaciones a la Seguridad Social o a mutualidades generales obligatorias de funcionarios"».

Consulta vinculante de la Dirección General de Tributos (V2281-23), de 28 de julio de 2023

Asunto: abono por parte de la sociedad de las cotizaciones al RETA; posibilidad de considerarlas gasto deducible para determinar el rendimiento neto del trabajo.

«(...) las cotizaciones al Régimen de Autónomos que corresponde realizar al socio-trabajador tendrá para este la consideración de gasto deducible para la determi-

nación del rendimiento neto del trabajo, y ello con independencia de si el pago de dichas cotizaciones lo realiza la entidad como simple mediadora de pago o asumiendo su coste, en cuyo caso (asunción del coste) las cotizaciones tendrán además la consideración de retribución en especie para dicho socio».

3.8. La utilización para la actividad de inmuebles propiedad del socio o familiares

Cuando el socio o alguno de sus familiares ceden un inmueble o parte de este para afectarlo a la actividad económica, estaremos ante una operación vinculada. En este sentido el artículo 18.2 de la LIS dispone:

«Se considerarán personas o entidades vinculadas las siguientes:
a) Una entidad y sus socios o partícipes.
b) Una entidad y sus consejeros o administradores, salvo en lo correspondiente a la retribución por el ejercicio de sus funciones.
c) Una entidad y los cónyuges o personas unidas por relaciones de parentesco, en línea directa o colateral, por consanguinidad o afinidad hasta el tercer grado de los socios o partícipes, consejeros o administradores.
(...)
En los supuestos en los que la vinculación se defina en función de la relación de los socios o partícipes con la entidad, la participación deberá ser igual o superior al 25 por ciento. La mención a los administradores incluirá a los de derecho y a los de hecho».

Las operaciones realizadas entre personas o entidades vinculadas deben valorarse por su valor de mercado, entendiendo por valor de mercado el que se habría acordado por personas o entidades independientes en condiciones que respeten el principio de libre competencia, tal y como establece el artículo 18.1 de la LIS.

Respecto de la determinación del **valor de mercado**, de conformidad con el artículo 18.4 de la LIS, se aplicará cualquiera de los **siguientes métodos**:

- **Método del precio libre comparable**, por el que se compara el precio del bien o servicio en una operación entre personas o entidades vinculadas con el precio de un bien o servicio idéntico o de características similares en una operación entre personas o entidades independientes en circunstancias equiparables, efectuando, si fuera preciso, las correcciones necesarias para obtener la equivalencia y considerar las particularidades de la operación.

- **Método del coste incrementado**, por el que se añade al valor de adquisición o coste de producción del bien o servicio el margen habitual en operaciones idénticas o similares con personas o entidades independientes o, en su defecto, el margen que personas o entidades independientes aplican a operaciones equiparables, efectuando, si fuera preciso, las correcciones necesarias para obtener la equivalencia y considerar las particularidades de la operación.

- **Método del precio de reventa**, por el que se sustrae del precio de venta de un bien o servicio el margen que aplica el propio revendedor en operaciones idénticas o similares con personas o entidades independientes o, en su defecto, el margen que personas o entidades independientes aplican a operaciones equiparables, efectuando, si fuera preciso, las correcciones necesarias para obtener la equivalencia y considerar las particularidades de la operación.

- **Método de la distribución del resultado**, por el que se asigna a cada persona o entidad vinculada que realice de forma conjunta una o varias operaciones la parte del resultado común derivado de dicha operación u operaciones, en función de un criterio que refleje adecuadamente las condiciones que habrían suscrito personas o entidades independientes en circunstancias similares.

- **Método del margen neto operacional**, por el que se atribuye a las operaciones realizadas con una persona o entidad vinculada el resultado neto, calculado sobre costes, ventas o la magnitud que resulte más adecuada en función de las características de las operaciones idénticas o similares realizadas entre partes independientes, efectuando, cuando sea preciso, las correcciones necesarias para obtener la equivalencia y considerar las particularidades de las operaciones.

La elección del método de valoración tendrá en cuenta, entre otras circunstancias, la naturaleza de la operación vinculada, la disponibilidad de información fiable y el grado de comparabilidad entre las operaciones vinculadas y no vinculadas. No obstante, cuando no sea posible aplicar los métodos anteriores, se podrán utilizar otros métodos y técnicas de valoración generalmente aceptados que respeten el principio de libre competencia.

Por tanto, si la cesión la realiza un socio o sus familiares hasta el tercer grado cuya participación en la entidad sea igual o superior al 25 %, o bien la realiza un administrador de la sociedad, debe valorarse la cesión por lo que se obtendría del arrendamiento de dicho inmueble entre terceros independientes en circunstancias similares.

El socio deberá imputar en su declaración de IRPF la renta derivada de la cesión del inmueble valorada en su valor de mercado como rendimientos de capital inmobiliario.

En el caso de que la cesión cumpla los requisitos en términos de inscripción contable, devengo, correlación de ingresos y gastos y justificación documental, la entidad podrá deducirse el importe que abone por la cesión del inmueble, por su valor de mercado, calculado en los términos expuestos.

> **RESOLUCIÓN RELEVANTE**
>
> **Sentencia del Tribunal Supremo n.º 830/2023, de 21 de junio, ECLI:ES:TS:2023:2732**
>
> *«(...) el servicio que presta una persona física a una sociedad vinculada y el que presta tal sociedad vinculada —aquí, la recurrente—, a terceros independientes, es*

sustancialmente el mismo cuando se trata de la prestación de un servicio intuituper-sonae, y la sociedad vinculada carece de medios para realizar la operación o prestar el servicio pactado si no es a través de la necesaria e imprescindible participación de la persona física —no aportando valor añadido (o siendo este residual) a la labor de la persona física—. Dada esa coincidencia de los servicios, es acorde considerar con la metodología de operaciones vinculadas del ejercicio 2006 que la contraprestación pactada por esta segunda operación es el precio de mercado del bien o servicio de que se trate».

RESOLUCIONES ADMINISTRATIVAS

Consulta vinculante de la Dirección General de Tributos (V0170-23), de 7 de febrero de 2023

Asunto: método de valoración de las retribuciones del socio único de la entidad en el IRPF.

«(...) tratándose de rendimientos obtenidos por el contribuyente procedentes de una entidad en cuyo capital participe derivados de e actividades incluidas en la Sección Segunda de las Tarifas del Impuesto sobre Actividades Económicas, aprobadas por el Real Decreto Legislativo 1175/1990, de 28 de septiembre, tendrán esta consideración cuando el contribuyente esté incluido, a tal efecto, en el régimen especial de la Seguridad Social de los trabajadores por cuenta propia o autónomos, o en una mutualidad de previsión social que actúe como alternativa al citado régimen especial conforme a lo previsto en la Disposición adicional decimoquinta de la Ley 30/1995, de 8 de noviembre, de ordenación y supervisión de los seguros privados.".

(...)

Por lo tanto, (...) de la regla contenida en el tercer párrafo del artículo 27.1 de la LIRPF debe quedar acotado a sociedades dedicadas a la prestación de servicios profesionales.

(...)

Además, será necesario que la actividad desarrollada por el socio en la entidad sea precisamente la realización de los servicios profesionales que constituyen el objeto de la entidad, debiendo entenderse incluidas, dentro de tales servicios, las tareas comercializadoras, organizativas o de dirección de equipos, y servicios internos prestados a la sociedad dentro de dicha actividad profesional.

Cuando se cumplan los requisitos relativos a la actividad, tanto de la entidad como del socio, los servicios prestados por aquél a su sociedad, al margen, en su caso, de su condición de administrador, únicamente podrán calificarse en el Impuesto sobre la Renta de las Personas Físicas como rendimientos de actividades económicas si el consultante estuviera dado de alta en el régimen especial de la Seguridad Social de los trabajadores por cuenta propia o autónomos o en una mutualidad de previsión social que actúe como alternativa al citado régimen especial, y en consecuencia las retribuciones satisfechas por dichos servicios tendrían la naturaleza de rendimientos de actividades económicas.

En caso contrario, la calificación (...) deberá ser la de trabajo personal,

(...)

Con independencia de la naturaleza que corresponda a la retribución correspondiente a dichos servicios, debe tenerse en cuenta que el artículo 41 de la LIRPF establece que "La valoración de las operaciones entre personas o entidades vinculadas se realizará por su valor normal de mercado, en los términos previstos en el artículo 16 del texto refundido de la Ley del Impuesto sobre Sociedades"».

Consulta vinculante de la Dirección General de Tributos (V1897-21), de 17 de junio de 2021

Asunto: cesión de parte de la vivienda del socio a la entidad para dedicarla a la actividad de esta.

«En la medida en que lo que parece que se está cuestionando son los efectos en el Impuesto sobre Sociedades de la cesión de uso o alquiler de unos espacios por parte de una persona en favor de la entidad consultante, se indica lo siguiente.

El artículo 10.3 de la Ley 27/2014, de 27 de noviembre, del Impuesto sobre Sociedades (en adelante, LIS), establece que "en el método de estimación directa, la base imponible se calculará, corrigiendo, mediante la aplicación de los preceptos establecidos en esta Ley, el resultado contable determinado de acuerdo con las normas previstas en el Código de Comercio, en las demás leyes relativas a dicha determinación y en las disposiciones que se dicten en desarrollo de las citadas normas."

Adicionalmente, el artículo 11 de la LIS establece que:

"1. Los ingresos y gastos derivados de las transacciones o hechos económicos se imputarán al período impositivo en que se produzca su devengo, con arreglo a la normativa contable, con independencia de la fecha de su pago o de su cobro, respetando la debida correlación entre unos y otros.

(…)

3. 1.º No serán fiscalmente deducibles los gastos que no se hayan imputado contablemente en la cuenta de pérdidas y ganancias o en una cuenta de reservas si así lo establece una norma legal o reglamentaria, a excepción de lo previsto en esta Ley respecto de los elementos patrimoniales que puedan amortizarse libremente o de forma acelerada.

(…)."

Por otra parte, el artículo 15 de la LIS dispone que "no tendrán la consideración de gastos fiscalmente deducibles:

a) Los que representen una retribución de los fondos propios.

(…)

b) Los derivados de la contabilización del Impuesto sobre Sociedades. No tendrán la consideración de ingresos los procedentes de dicha contabilización.

c) Las multas y sanciones penales y administrativas, los recargos del período ejecutivo y el recargo por declaración extemporánea sin requerimiento previo.

d) Las pérdidas del juego.

e) Los donativos y liberalidades.

No se entenderán comprendidos en esta letra e) los gastos por atenciones a clientes o proveedores ni los que con arreglo a los usos y costumbres se efectúen con respecto al personal de la empresa ni los realizados para promocionar, directa o indirectamente, la venta de bienes y prestación de servicios, ni los que se hallen correlacionados con los ingresos.

No obstante, los gastos por atenciones a clientes o proveedores serán deducibles con el límite del 1 por ciento del importe neto de la cifra de negocios del período impositivo.

Tampoco se entenderán comprendidos en esta letra e) las retribuciones a los administradores por el desempeño de funciones de alta dirección, u otras funciones derivadas de un contrato de carácter laboral con la entidad.

f) Los gastos de actuaciones contrarias al ordenamiento jurídico.

(...)."

Por tanto, en la medida en que en la entidad consultante se refleje un gasto conta-ble, éste será fiscalmente deducible a efectos del Impuesto sobre Sociedades, siem-pre que cumpla las condiciones legalmente establecidas, en términos de inscripción contable, imputación con arreglo a devengo y justificación documental, y siempre que no tenga la consideración de gasto fiscalmente no deducible por aplicación de algún precepto específico establecido en la LIS.

No obstante, teniendo en cuenta que la operación de cesión de uso se realiza con el socio mayoritario y administrador de la consultante, hay que tener en consideración lo señalado en el artículo 18 de la LIS que regula las operaciones entre partes vincu-ladas de la siguiente forma:

(...)

En definitiva, al tratarse de una operación entre personas vinculadas, según lo pre-visto en el artículo 18 de la LIS, la valoración de la cesión del uso del inmueble deberá efectuarse por su valor de mercado».

Consulta vinculante de la Dirección General de Tributos (V2941-16), de 23 de junio de 2016

Asunto: cesión de un socio de un inmueble de forma gratuita a la entidad para afectarla a la actividad.

«Según se manifiesta en el escrito de consulta, el consultante es administrador y socio al 50 por ciento de una sociedad a la que va a ceder de forma gratuita una parte de un inmueble de su propiedad y a prestar servicios administrativos, por lo que dicha operación tendrá la consideración de operación entre personas vinculadas en los términos previstos en el artículo 18 de la LIS, y su valoración se efectuará por su valor de mercado, entendiéndose por éste la contraprestación que se acordaría entre sujetos independientes.

En relación con su calificación, el artículo 22.1 de la LIRPF señala lo siguiente:

"Tendrán la consideración de rendimientos íntegros del capital inmobiliario los procedentes de la titularidad de bienes inmuebles rústicos y urbanos o de derechos reales que recaigan sobre ellos, todos los que se deriven del arrendamiento o de la constitución o cesión de derechos o facultades de uso o disfrute sobre aquéllos, cual-quiera que sea su denominación o naturaleza".

De conformidad con ello, la renta derivada de la cesión del inmueble se calificará como rendimiento íntegro del capital inmobiliario debiendo consignarse en la decla-ración de IRPF del socio.

Por otra parte, en lo relativo a la prestación de servicios por parte del consultante a la sociedad, la Ley 26/2014, de 27 de noviembre, por la que se modifican la Ley 35/2006, de 28 de noviembre, del Impuesto sobre la Renta de las Personas Físicas, el texto refundido de la Ley del Impuesto sobre la Renta de no Residentes, aprobado por el Real Decreto Legislativo 5/2004, de 5 de marzo, y otras normas tributarias (BOE de 28 de noviembre), ha modificado el artículo 27.1 de la LIRPF, con vigencia a partir de 1 de enero de 2015, objetivando las reglas de tributación aplicables a los socios profesionales, quedando dicho artículo modificado en los siguientes términos:

"1. Se considerarán rendimientos íntegros de actividades económicas aquellos que, procediendo del trabajo personal y del capital conjuntamente, o de uno solo de estos factores, supongan por parte del contribuyente la ordenación por cuenta propia de medios de producción y de recursos humanos o de uno de ambos, con la finalidad de intervenir en la producción o distribución de bienes o servicios.

En particular, tienen esta consideración los rendimientos de las actividades extractivas, de fabricación, comercio o prestación de servicios, incluidas las de artesanía, agrícolas, forestales, ganaderas, pesqueras, de construcción, mineras, y el ejercicio de profesiones liberales, artísticas y deportivas.

No obstante, tratándose de rendimientos obtenidos por el contribuyente procedentes de una entidad en cuyo capital participe derivados de la realización de actividades inclui- das en la Sección Segunda de las Tarifas del Impuesto sobre Actividades Económicas, aprobadas por el Real Decreto Legislativo 1175/1990, de 28 de septiembre, tendrán esta consideración cuando el contribuyente esté incluido, a tal efecto, en el régimen especial de la Seguridad Social de los trabajadores por cuenta propia o autónomos, o en una mutuali- dad de previsión social que actúe como alternativa al citado régimen especial conforme a lo previsto en la Disposición adicional decimoquinta de la Ley 30/1995, de 8 de noviembre, de ordenación y supervisión de los seguros privados".

A efectos de analizar el alcance del último párrafo del artículo 27.1 de la LIRPF, debe tenerse en cuenta que el mismo no se refiere a las actividades que pueda realizar un socio a título individual o al margen de la sociedad, sino a las actividades realizadas por el socio a favor de la sociedad o prestadas por la sociedad por medio de sus socios. En dicha ac- tividad deben distinguirse con carácter general a efectos fiscales dos relaciones jurídicas: la establecida entre el socio y la sociedad, en virtud de la cual el socio presta sus servicios a aquella, constituyendo la retribución de la sociedad al socio renta del socio a integrar en su Impuesto sobre la Renta de las Personas Físicas, y la relación mantenida entre el cliente y la sociedad, cuya retribución satisfecha por el cliente a la sociedad constituye renta de la sociedad a integrar en el Impuesto sobre Sociedades.

Ahora bien, en dicho párrafo se exige que la actividad realizada esté incluida en la Sección Segunda de las Tarifas del Impuesto sobre Actividades Económicas, requisito que debe exigirse a la actividad realizada tanto por el socio como por la sociedad, y ello a pesar de que, lógicamente, la sociedad, de acuerdo con lo dispuesto en el apartado 3 de la regla 3.ª de la Instrucción de aplicación del Real Decreto Legislativo 1175/1990, de 28 de septiembre, por el que se aprueban las tarifas y la instrucción del Impuesto sobre Acti- vidades Económicas (BOE de 29 de septiembre), esté matriculada en la Sección Primera de las Tarifas de dicho Impuesto, y también con independencia de que el socio esté o no dado de alta efectivamente en algún epígrafe de la sección segunda de las tarifas de dicho Impuesto por la realización de dichas actividades.

Por lo tanto, el ámbito subjetivo de la regla contenida en el tercer párrafo del artículo 27.1 de la LIRPF debe quedar acotado a sociedades dedicadas a la prestación de servicios profesionales.

Debe tenerse en cuenta al respecto que dicho ámbito no queda restringido al definido en la Ley 2/2007, de 15 marzo, de sociedades profesionales (BOE de 16 de marzo), sino que es más amplio, al incluir a todas las actividades previstas en la sección segunda de las tarifas del Impuesto sobre Actividades Económicas, por lo que incluirá tanto a las socieda- des profesionales de la Ley 2/2007, como a otras sociedades dentro de cuyo objeto social se comprenda la prestación de los servicios profesionales incluidos en la referida sección y no constituidas como sociedades profesionales de la Ley 2/2007.

Además, será necesario igualmente que la actividad desarrollada por el socio en la entidad sea precisamente la realización de los servicios profesionales que constituyen el objeto de la entidad, debiendo entenderse incluidas, dentro de tales servicios, las tareas comercializadoras, organizativas o de dirección de equipos, y servicios internos prestados a la sociedad dentro de dicha actividad profesional.

Cuando se cumplan los requisitos relativos a la actividad, tanto de la entidad como del socio, los servicios prestados por este a su sociedad, al margen, en su caso, de su condi- ción de administrador, únicamente podrán calificarse en el Impuesto sobre la Renta de las

Personas Físicas como rendimientos de actividad económica si el consultante estuviera dado de alta en el régimen especial de la Seguridad Social de los trabajadores por cuenta propia o autónomos o en una mutualidad de previsión social que actúe como alternativa al citado régimen especial, y en consecuencia las retribuciones satisfechas por dichos servicios tendrían la naturaleza de rendimientos de actividades económicas.

En caso contrario, la calificación de tales servicios deberá ser la de trabajo personal, al preverlo así el artículo 17.1 de la LIRPF al determinar que tienen tal consideración las contraprestaciones o utilidades que deriven "del trabajo personal o de la relación laboral o estatutaria y no tengan el carácter de rendimientos de actividades económicas"».

Consulta vinculante de la Dirección General de Tributos (V2179-16), de 19 de mayo de 2016

Asunto: cesión gratuita de un inmueble propiedad de un socio a la entidad.

«Según se manifiesta en el escrito de consulta, la sociedad consultante está participada por tres socios con similar porcentaje de participación, por lo que al ser uno de los socios el cedente del inmueble a la sociedad y tener una participación igual o superior al 25 por ciento, la operación de cesión del citado inmueble tendrá la consideración de operación entre personas vinculadas en los términos previstos en el artículo 18 de la LIS.

Por otra parte, el artículo 22.1 de la LIRPF señala lo siguiente:

"Tendrán la consideración de rendimientos íntegros del capital inmobiliario los procedentes de la titularidad de bienes inmuebles rústicos y urbanos o de derechos reales que recaigan sobre ellos, todos los que se deriven del arrendamiento o de la constitución o cesión de derechos o facultades de uso o disfrute sobre aquéllos, cualquiera que sea su denominación o naturaleza".

En el supuesto planteado, a la sociedad consultante se le cede gratuitamente el uso de un inmueble por parte de uno de sus socios cuyo porcentaje de participación en la misma es superior al 25 por ciento. Al tratarse de una operación entre personas vinculadas, según lo previsto en el artículo 41 de la LIRPF, la valoración de la cesión del uso del inmueble se efectuará por su valor de mercado, entendiéndose por éste la contraprestación que se acordaría entre sujetos independientes.

Por ello, y de conformidad con el artículo 22 de la LIRPF, dicha renta se calificará como rendimiento íntegro del capital inmobiliario debiendo consignarse en la declaración de IRPF del socio.

Finalmente, por lo que se refiere a la retención, el rendimiento al que se refiere la consulta no se encuentra comprendido dentro de las rentas sujetas a retención previstas en los artículos 74 y siguientes del Reglamento del Impuesto sobre la Renta de las Personas Físicas, aprobado por el Real Decreto 439/2007, de 30 de marzo (BOE de 31 de marzo)».

3.9. Criterios especiales de amortización en caso de PYMES

El capítulo XI del título VII de la LIS se dedica a los incentivos fiscales para las entidades de reducida dimensión. Tal y como establece el artículo 101 de la LIS, serán empresas de reducida dimensión aquellas cuyo importe neto de la cifra de negocios habida en el período impositivo inmediato anterior sea inferior a 10 millones de euros. No obstante, no se aplicarán los incentivos para empresas de reducida dimensión a los contribuyentes del Impuesto sobre Sociedades que tengan la consideración de entidad patrimonial en los términos establecidos el artículo 5.2 de la LIS. En este sentido la Dirección General de Tributos, en su consulta vinculante (V2367-24), de 18 de noviembre de 2024, dispone que «(...) se entenderá por entidad patrimonial aquella en la que más de la mitad de su activo esté constituido por valores o no esté afecto a una actividad económica, atendiendo a la media de los balances trimestrales del ejercicio de la entidad (...)».

Por su parte, se define como pequeña empresa, dentro de la categoría de PYME, aquella que ocupa a menos de 50 personas y cuyo volumen de negocios anual o cuyo balance general anual no supera los 10 millones de euros y como microempresa aquella que ocupa a menos de 10 personas y cuyo volumen de negocios anual o cuyo balance general anual no supera los 2 millones de euros, de acuerdo con lo dispuesto en el anexo I del Reglamento (UE) n.º 651/2014 de la Comisión, de 17 de junio de 2014, por el que se declaran determinadas categorías de ayudas compatibles con el mercado interior en aplicación de los artículos 107 y 108 del Tratado.

Por tanto, el concepto de empresas de reducida dimensión englobará a las microempresas y pequeñas empresas. Quedarían excluidas de estos incentivos fiscales las medianas empresas, es decir, aquellas que ocupan a menos de 250 personas y cuyo volumen de negocios anual no excede de 50 millones euros o cuyo balance general anual no excede de 43 millones de euros. Cabe destacar que, en el tejido empresarial español las microempresas y pequeñas empresas son las que predominan. Así, según los datos de la Dirección General de Industria y de la Pequeña y Mediana Empresa, en marzo de 2025, en España había 2.949.483 PYMES, de las cuales 1.625.363 son PYME sin asalariados, alrededor de 1.123.590 se consideran microempresas que cuentan con un número de trabajadores entre 1 y 9, y 171.993 pequeñas empresas de entre 10 y 49 asalariados, siendo únicamente 28.537 las empresas medianas de entre 50 y 249 asalariados. Por tanto, los incentivos que se expondrán a continuación son de aplicación a la mayoría de las PYMES españolas.

A estos efectos, en relación con aquellas entidades de nueva creación, el importe de la cifra de negocios se referirá al primer período impositivo en el que se desarrolle efectivamente la actividad. Si el período impositivo inmediato anterior hubiese tenido una duración inferior al año, o la actividad se hubiera desarrollado durante un plazo también inferior, el importe neto de la cifra de negocios se elevará al año.

Por otra parte, cuando la entidad forme parte de un grupo de sociedades, con independencia de su residencia y de la obligación de formular cuentas anuales consolidadas, el importe neto de la cifra de negocios se referirá al conjunto de entidades pertenecientes a dicho grupo, teniendo en cuenta las eliminaciones e incorporaciones que correspondan por aplicación de la normativa contable.

El mismo criterio se aplicará cuando una persona física por sí sola o conjuntamente con el cónyuge u otras personas físicas unidas por vínculos de parentesco en línea directa o colateral, consanguínea o por afinidad, hasta el segundo grado inclusive, se encuentren con relación a otras entidades de las que sean socios en alguna de las situaciones a que se refiere el artículo 42 del Código de Comercio, con independencia de la residencia de las entidades y de la obligación de formular cuentas anuales consolidadas.

Estos incentivos serán de aplicación en los tres períodos impositivos inmediatos y siguientes a aquel período impositivo en que la entidad o conjunto de entidades alcancen la referida cifra de negocios de 10 millones de euros, siempre que las mismas hayan cumplido las condiciones para ser consideradas como de reducida dimensión tanto en aquel período como en los dos períodos impositivos anteriores a este último.

En relación con la cifra de negocios, en aquellos supuestos en los que el control es asumido por un empresario individual, el Alto Tribunal en la **sentencia del Tribunal Supremo n.º 4/2022 de 10 de enero, ECLI:ES:TS:2022:75**, estableció lo siguiente:

> «Así, debemos declarar que el artículo 108.3, en relación con los artículos 114 y 28 TRLIS y con el artículo 42 del Código de Comercio, debe ser interpretado en el sentido de que excluye de la aplicación del régimen especial de empresas de reducida dimensión a aquellas sociedades o grupos de sociedades cuya cifra neta de negocios supere el umbral cuantitativo máximo fijado en el precepto (10 millones de euros), incluidos aquellos casos en que el control empresarial del grupo esté en manos de una persona individual o natural, directa o indirectamente, y la cifra de negocio de dicho empresario individual, unida a la del grupo que controla, rebase la mencionada cantidad».

3.9.1. Libertad de amortización sin creación de empleo

El artículo 12 de la LIS establece la posibilidad de deducir aquellas cantidades que, en concepto de amortización del inmovilizado material, intangible y de las inversiones inmobiliarias, correspondan a la depreciación efectiva que sufran los distintos elementos por funcionamiento, uso, disfrute u obsolescencia.

Se considerará que la depreciación es efectiva cuando:

- Sea el resultado de aplicar los coeficientes de amortización lineal establecidos en el artículo 12.1.a) de la LIS.
- Sea el resultado de aplicar un porcentaje constante sobre el valor pendiente de amortización (sin que el porcentaje pueda ser inferior al 11 %):
  - 1,5 si el elemento tiene un período de amortización inferior a 5 años.
  - 2 si el elemento tiene un período de amortización igual o superior a 5 años e inferior a 8 años.
  - 2,5 si el elemento tiene un período de amortización igual o superior a 8 años.
- Sea el resultado de aplicar el método de los números dígitos (excepto edificios, mobiliario y enseres). La suma de dígitos se determinará en función del período de amortización establecido en las tablas de amortización oficialmente aprobadas.
- Se ajuste a un plan formulado por el contribuyente y aceptado por la Administración tributaria.

- El contribuyente justifique su importe.

Cabe destacar que el inmovilizado intangible se amortizará atendiendo a su vida útil. No obstante, si no pudiera estimarse de manera fiable, la amortización será deducible con el límite anual máximo de una veinteava parte de su importe, es decir, de un 5 %. Por su parte, el fondo de comercio será deducible con el límite anual máximo de la veinteava parte de su importe.

Sin embargo, **hay elementos que gozarán de libertad de amortización,** como, por ejemplo:

- Los elementos del inmovilizado material, intangible e inversiones inmobiliarias de las sociedades anónimas laborales y de las sociedades limitadas laborales afectos a la realización de sus actividades, adquiridos durante los cinco primeros años a partir de la fecha de su calificación como tales.

- Los elementos del inmovilizado material e intangible, excluidos los edificios, afectos a las actividades de investigación y desarrollo. No obstante, los edificios afectos a actividades de investigación y desarrollo podrán amortizarse de forma lineal durante un período de 10 años (si estuviesen afectos en parte, se podrá amortizar solo en la parte que se hallen afectos).

- Los gastos de investigación y desarrollo activados como inmovilizado intangible, excluidas las amortizaciones de los elementos que disfruten de libertad de amortización.

- Los elementos del inmovilizado material o intangible de las entidades que tengan la calificación de explotaciones asociativas prioritarias de acuerdo con lo dispuesto en la Ley 19/1995, de 4 de julio, de modernización de las explotaciones agrarias, adquiridos durante los cinco primeros años a partir de la fecha de su reconocimiento como explotación prioritaria.

- Los elementos del inmovilizado material nuevos, cuyo valor unitario no exceda de 300 euros, hasta el límite de 25.000 euros referido al período impositivo. Si el período impositivo tuviera una duración inferior a un año, el límite señalado será el resultado de multiplicar 25.000 euros por la proporción existente entre la duración del período impositivo respecto del año.

Las cantidades aplicadas a la libertad de amortización minorarán, a efectos fiscales, el valor de los elementos amortizados.

CUESTIÓN

La empresa A ha adquirido para el desarrollo de su actividad económica varias máquinas: 30 máquinas con un valor unitario de 250 euros, 20 máquinas con un valor unitario de 550 euros, así como 50 muebles para la colocación de las máquinas por un importe unitario de 290 euros. ¿Qué importe podrá amortizar libremente?

Podrá amortizar libremente 22.000 euros [(30 x 250 euros) + (50 x 290 euros)].

Así, serán amortizables las 30 máquinas por importe de 250 euros y los 50 muebles por importe unitario de 290 euros, dado que no exceden de los 300 euros que fija el artículo 12.3 de la LIS como límite para aplicar la libertad de amortización del inmovilizado material nuevo. Por contra, no podrá amortizar libremente las 20 máquinas por valor de 550 euros, ya que exceden del citado límite, por lo que deberá amortizarlas conforme a lo dispuesto en el artículo 12.1 de la LIS.

El importe del inmovilizado material nuevo amortizable (22.000 euros) no excede del límite conjunto para el período impositivo de 25.000 euros, por lo que gozará de libertad de amortización en su totalidad.

Además de la libertad de amortización recogida en el artículo 12.3 de la LIS, las empresas de reducida dimensión podrán aplicar la amortización prevista como incentivo fiscal para dichas entidades en el artículo 103 de la LIS. Este artículo establece la posibilidad de amortizar los elementos nuevos del inmovilizado material y de las inversiones inmobiliarias, así como los elementos del inmovilizado intangible, que se encuentren afectos a las actividades económicas y que se encuentren a disposición del contribuyente en el período impositivo en el que cumpla con los requisitos para ser considerada entidad de reducida dimensión. Este precepto permite amortizar en función del coeficiente que resulte de multiplicar por 2 el coeficiente de amortización lineal máximo previsto en las tablas de amortización oficialmente aprobadas.

Se trata de la posibilidad de realizar una amortización acelerada de los elementos de inmovilizado inmaterial, inversiones inmobiliarias y del inmovilizado intangible.

Tal y como señala la Dirección General de Tributos en su consulta vinculante (V1683-24), de 10 de julio de 2024, la amortización acelerada es una opción del contribuyente, no una obligación:

«El apartado 1 del artículo 103 de la LIS **no contiene un mandato imperativo, sino una opción a disposición del contribuyente** en relación con los elementos citados, siempre que sean nuevos, puestos a disposición en el periodo impositivo en el que se cumplan las condiciones para ser considerada entidad de reducida dimensión, de manera que los mismos puedan amortizarse en función del coeficiente que resulte de multiplicar por 2 el coeficiente de amortización lineal máximo.

Por tanto, dado que **la aceleración de la amortización para estas inversiones no es obligatoria**, se podrán amortizar fiscalmente, de forma acelerada, hasta el coeficiente que resulte de multiplicar por 2 el coeficiente máximo de las tablas de amortización oficialmente aprobadas, de manera que, a efectos fiscales, podría aplicarse un coeficiente inferior y diferente a ese máximo e, incluso, aplicar el coeficiente máximo sin doblarlo».

Estas entidades también podrán realizar la amortización acelerada respecto de los elementos encargados en virtud de un contrato de ejecución de obra suscrito en el período impositivo, siempre que su puesta a disposición sea dentro de los 12 meses siguientes a su conclusión. E igualmente será aplicable respecto de los elementos del inmovilizado material, intangible y de las inversiones inmobiliarias construidos o producidos por la propia empresa. Además, este régimen de amortización es compatible con cualquier beneficio fiscal que pudiera proceder por razón de los elementos patrimoniales sujetos a la misma.

Por otra parte, el artículo 103.5 de la LIS prevé:

«Los elementos del inmovilizado intangible a que se refiere el apartado 3 del artículo 13 de esta Ley, adquiridos en el período impositivo en el que se cumplan las condiciones del artículo 101 de esta Ley, podrán deducirse en un 150 por ciento del importe que resulte de aplicar dicho apartado».

A este respecto, debemos tener en cuenta que, con motivo de las modificaciones que, en el ámbito mercantil, en concreto en el Código de Comercio, se introdujeron a través de la Ley 22/2015, de 20 de julio, de Auditoría de Cuentas, se efectuaron, igualmente a través de dicha ley, diversas modificaciones en la LIS. Así, por una parte, el apartado 4 del artículo 39 del Código de Comercio quedó redactado de la siguiente forma:

«4. Los inmovilizados intangibles son activos de vida útil definida. Cuando la vida útil de estos activos no pueda estimarse de manera fiable se amortizarán en un plazo de diez años, salvo que otra disposición legal o reglamentaria establezca un plazo diferente».

Por su parte, con efectos para los períodos impositivos que se iniciaran a partir de 1 de enero de 2016, se derogó el apartado 3 del artículo 13 de la LIS y se modificó el artículo 12.2 de la LIS, que quedó redactado así:

«2. El inmovilizado intangible se amortizará atendiendo a su vida útil. Cuando la misma no pueda estimarse de manera fiable, la amortización será deducible con el límite anual máximo de la veinteava parte de su importe.
La amortización del fondo de comercio será deducible con el límite anual máximo de la veinteava parte de su importe».

El apartado 3 del artículo 13 de la LIS, en su redacción original, establecía que:

«3. Será deducible el precio de adquisición del activo intangible de vida útil indefinida, incluido el correspondiente a fondos de comercio, con el límite anual máximo de la veinteava parte de su importe.
Esta deducción no está condicionada a su imputación contable en la cuenta de pérdidas y ganancias. Las cantidades deducidas minorarán, a efectos fiscales, el valor del correspondiente inmovilizado intangible».

Ante esta modificación legislativa, la Dirección General de Tributos se ha pronunciado en la **consulta vinculante (V2568-22), de 19 de diciembre de 2022**, señalando lo siguiente:

«Por tanto, tras las modificaciones introducidas en la LIS mediante la Ley 22/2015, una interpretación razonable de la norma permite considerar que, dentro de los inmovilizados intangibles (calificados ahora mercantilmente como activos de vida útil definida) a que se refiere el apartado 2 del artículo 12 de la LIS, aquellos cuya vida útil no pueda estimarse de manera fiable, así como el caso del fondo de comercio, podrán amortizarse en un 150 por ciento del importe que resulte deducible de aplicar para ellos lo establecido en el citado apartado 2 del artículo 12 de la LIS.

En consecuencia, en el supuesto de que de conformidad con la normativa contable de aplicación la cartera de clientes se considerara un intangible cuya vida útil no puede estimarse manera fiable y se cumplieran las circunstancias requeridas por el artículo 103 de la LIS, dicho cartera de clientes podría amortizarse en un 150 por ciento del importe que resulte deducible de aplicar para la misma lo establecido en el apartado 2 del artículo 12 de la LIS. En el caso de que, conforme a la contabilidad, dicho intangible tuviera una vida útil que pudiera estimarse de manera fiable, se consideraría que su amortización sigue la regla general de acuerdo con lo previsto en el artículo 12.2 de la LIS anteriormente reproducido».

Así, a pesar de la desaparición del artículo 13.3 de la LIS al que remitía el artículo 103.5 de la LIS, las empresas de reducida dimensión podrán realizar la amortización, en un 150 % de su importe, del inmovilizado intangible sobre el que no se pueda estimar de manera fiable su vida útil.

CUESTIÓN

En el caso de que en el primer ejercicio de inicio de uso de un inmovilizado no se haya aplicado la amortización acelerada establecida en el artículo 103 de la LIS, ¿podría aplicarse posteriormente en los ejercicios siguientes?

Sí, y así lo recoge la consulta vinculante de la Dirección General de Tributos (V1683-24), de 10 de julio de 2024, en la que se concluye que:

«La amortización acelerada constituye una opción para el contribuyente, que deberá ser ejercitada dentro del plazo reglamentario de declaración, y no en relación con periodos impositivos respecto de los que dicho plazo ya haya transcurrido. Por tanto, la entidad consultante, no podrá rectificar dicha opción, una vez transcurrido el plazo de presentación reglamentario de la correspondiente declaración.

Sin embargo, el hecho de que el contribuyente no hubiera aplicado la amortización acelerada en el periodo impositivo en que se produjo la entrada en funcionamiento de la inversión, no impedirá que pueda aplicarla en periodos impositivos posteriores.

Por ello, la entidad podrá aplicar la amortización acelerada regulada en el artículo 103 de la LIS, en el periodo impositivo cuyo periodo de declaración no hubiere finalizado, a través de la correspondiente autoliquidación y dentro del plazo voluntario de presentación de la misma».

RESOLUCIONES ADMINISTRATIVAS

Consulta vinculante de la Dirección General de Tributos (V0768-22), de 8 de abril de 2022

Asunto: si puede amortizarse una concesión administrativa (inmovilizado intangible) de acuerdo con el apartado 1 del artículo 103 de la LIS o debe de aplicarse el porcentaje establecido en el artículo 103.5 de la misma ley.

«Dado que la vida útil de la concesión administrativa adquirida por la entidad consultante puede estimarse de manera fiable, en la medida en que se cumplieran las circunstancias requeridas por el artículo 103.1 de la LIS, dicho inmovilizado intangible podría amortizarse en función del coeficiente que resulte de multiplicar por 2 la amortización que resulte de dicha vida útil.

El disfrute de este incentivo fiscal está sujeto al cumplimiento de diversos requisitos, entre otros, que la entidad debe ser calificada de reducida dimensión en el período impositivo en el que los elementos objeto de inversión sean puestos a su disposición y que se trate de elementos nuevos, es decir que sean utilizados o puestos en condiciones de funcionamiento por primera vez en esa entidad.

En el supuesto objeto de consulta, en la medida se indica en el escrito de consulta que la concesión adquirida ya venía siendo explotada por un tercero, esta no tendrá la consideración de un activo nuevo, por lo que la entidad consultante no se podrá beneficiar del incentivo fiscal previsto en el artículo 103 de la LIS».

Consulta vinculante de la Dirección General de Tributos (V2697-19), de 2 de octubre de 2019

Asunto: si el porcentaje máximo de amortización aplicable a un centro logístico según la tabla del artículo 12 de la LIS sería del 7 % (como almacén) o del 3 % (como edificio industrial).

«De acuerdo con lo anterior, la amortización será deducible cuando corresponda a la depreciación efectiva del elemento, lo que podrá determinarse por cualquiera de los cinco procedimientos señalados en el artículo transcrito. No obstante, en la medida en que el elemento objeto de consulta es un edificio, los métodos definidos en las letras b) y c) del artículo 12.1 de la LIS no serán aplicables al mismo.

La tabla de amortización incluida en el artículo 12.1.a) de la LIS contiene una relación de elementos agrupados por su naturaleza, con el coeficiente lineal máximo y el período de años máximo correspondiente a cada uno de ellos. En dicha tabla, en el apartado "Edificios" figuran, por una parte, el concepto de "Almacenes y depósitos (gaseosos, líquidos y sólidos)", cuyo coeficiente lineal máximo es del 7 % y su período de amortización máximo es de 30 años y, por otra parte, el concepto de "Edificios industriales", cuyo coeficiente lineal máximo es del 3 % y su período de amortización máximo es de 68 años.

Adicionalmente, el artículo 12.2 de la Ley 58/2003, de 17 de diciembre, General Tributaria dispone lo siguiente:

"2. En tanto no se definan por la normativa tributaria, los términos empleados en sus normas se entenderán conforme a su sentido jurídico, técnico o usual, según proceda".

En este sentido, en la medida en que los términos "almacén" y "edificio industrial" no están definidos legalmente, es necesario remitirse a su sentido usual. Así, la acepción 1.ª del diccionario de la Real Academia Española (RAE) señala que "almacén" es el "edificio o local donde se depositan géneros de cualquier especie, generalmente mercancías". Del mismo modo, la RAE define "industrial" como lo "perteneciente o relativo a la industria".

Atendiendo a la descripción de hechos que consta en el escrito de la consulta, la nave que será objeto de construcción se va a destinar al depósito de mercancía (en este caso, mobiliario) para ser distribuida a los distintos puntos de venta (tiendas físicas).

Por todo lo expuesto, se deduce que en el caso de que la entidad consultante decidiese optar por aplicar al elemento objeto de consulta el método de amortización lineal según la tabla del artículo 12.1.a) de la LIS, el coeficiente lineal y período máximos establecidos al efecto para el concepto "Almacenes y depósitos (gaseosos, líquidos y sólidos)" es el que mejor se ajusta la naturaleza del elemento. No obstante, se trata de una cuestión de hecho que el contribuyente deberá acreditar por cualquier medio de prueba admitido en Derecho y cuya valoración corresponderá, en su caso, a los órganos competentes en materia de comprobación de la Administración tributaria.

> *Por último, cabe señalar que un gasto contable será deducible a efectos del Impuesto sobre Sociedades siempre que cumpla las condiciones legalmente establecidas en términos de inscripción contable, imputación con arreglo a devengo, correlación de ingresos y gastos y justificación documental, y no tenga la consideración de fiscalmente no deducible por aplicación de algún precepto específico establecido en la LIS».*

3.9.2. Libertad de amortización con creación de empleo

De conformidad con el artículo 102 de la LIS, aquellas empresas que incrementen su plantilla media durante los 24 meses siguientes a la fecha del inicio del período impositivo en que los elementos nuevos de inmovilizado inmaterial o inversiones inmobiliarias afectos a la actividad económica entren en funcionamiento, respecto de los 12 meses anteriores al inicio de dicha fecha, podrán amortizar libremente dichos elementos, siempre que mantengan el incremento del personal durante otros 24 meses adicionales.

El artículo 102 de la LIS limita la cuantía de la amortización en función del incremento del personal. Así, podrá amortizarse libremente la cuantía que resulte de multiplicar 120.000 euros por el aumento de personal.

A efectos del cálculo del incremento de la plantilla se tendrán en cuenta las personas empleadas en relación con la jornada completa.

La libertad de amortización será aplicable desde la entrada en funcionamiento de los elementos que puedan acogerse a ella.

CUESTIONES

1. Si una empresa que el año anterior tuvo contratadas todo el año a tiempo completo a 4 personas, y desde el mes de septiembre de 2022 a otra persona más. Además, en enero de 2023 contrata a otra persona a media jornada. ¿Cuál será el incremento de la plantilla en 2023?

El incremento será de 0,5 trabajadores.

En 2022 tenía una plantilla media de 4,33 personas, dado que una de las personas empleadas, a pesar de ser a tiempo completo, solo está 4 de 12 meses (4/12 = 0,33).

En 2023 mantiene la plantilla e incrementa una persona a media jornada [(1 trabajador x 1/2 jornada) x 12/12 meses = 0,5 trabajadores/año. Por tanto, la plantilla media del año 2023 es de 4,83 trabajadores.

2. ¿Qué libertad de amortización tendrá una empresa que ha adquirido en enero de 2023 una máquina por importe de 200.000 euros y que, en 2022, tenía una plantilla media de 6 personas trabajadoras; si en enero de 2023 contrata otras tres (dos a tiempo completo y una a media jornada), pero se le jubila un trabajador a tiempo completo?

Podrá amortizar libremente 180.000 euros.

El incremento de la plantilla en 2023 es de 1,5 personas trabajadoras [2 trabajadores a jornada completa + (1 trabajador x 1/2 jornada) - 1 trabajador].

120.000 euros x 1,5 de incremento de plantilla = 180.000 euros.

También será de aplicación a los elementos encargados en virtud de un contrato de ejecución de obra suscrito en el período impositivo, siempre que su puesta a disposición sea dentro de los 12 meses siguientes a su conclusión. Incluirá, además, los elementos del inmovilizado material y de las inversiones inmobiliarias construidos por la propia empresa, así como a los elementos nuevos del inmovilizado material y de las inversiones inmobiliarias objeto de un contrato de arrendamiento financiero, en este caso, siempre que se ejercite la opción de compra.

Si se incumpliese la obligación de incrementar la plantilla o bien no se mantuviese la misma en los 24 meses adicionales, se deberá proceder a ingresar la cuota íntegra que hubiere correspondido a la cantidad deducida en exceso más los intereses de demora correspondientes. Así, conjuntamente con la autoliquidación que corresponda al período en que se produzca el incumplimiento se deberá ingresar la cuota íntegra que hubiese correspondido (si no hubiese realizado la libre amortización) junto con los intereses de demora.

RESOLUCIONES ADMINISTRATIVAS

Consulta vinculante de la Dirección General de Tributos (V2577-23), de 26 de septiembre de 2023

Asunto: posibilidad de aplicar el incentivo de libertad de amortización por la adquisición de un terreno y la construcción de una nave.

«De los hechos manifestados en el escrito de consulta parece desprenderse que la puesta a disposición de la nave se producirá en el ejercicio 2022, ejercicio en el que la entidad podrá beneficiarse de los incentivos fiscales previstos en el Capítulo XI del Título VII de la LIS, de conformidad con lo dispuesto en el apartado 4 del artículo 101 de la LIS, anteriormente transcrito. Por tanto, en este sentido, la consultante podrá aplicar la libertad de amortización respecto de la inversión realizada en la nueva nave que pretende construir, una vez se haya producido su puesta en funcionamiento, esto es, en el periodo impositivo correspondiente al año 2022. En caso de que el contribuyente no amortizase fiscalmente la totalidad la inversión realizada en el ejercicio 2022, la amortización fiscal pendiente podrá realizarse en períodos impositivos posteriores, aun cuando en los mismos la entidad no cumpla los requisitos para ser considerada de reducida dimensión.

En todo caso, la LIS exige que la inversión en inmovilizado material nuevo lleve asociado un aumento de la plantilla del personal de la entidad, de acuerdo con lo establecido en el artículo 102.1 de la misma. En el escrito de consulta, la entidad no se pronuncia sobre este extremo, por lo que este Centro Directivo no puede pronunciarse acerca del cumplimiento de los requisitos legamente exigidos para beneficiarse del incentivo fiscal de libertad de amortización. En consecuencia, será preciso que durante los 24 meses siguientes a la fecha del inicio del período impositivo en que el bien adquirido entre en funcionamiento, la plantilla media total de la empresa se incremente respecto de la plantilla media de los 12 meses anteriores, y dicho incremento se mantenga durante un período adicional de otros 24 meses, en los términos previstos en el artículo 102 de la LIS».

Consulta vinculante de la Dirección General de Tributos (V1954-21), de 21 de junio de 2021

Asunto: si, aunque se produzca la venta del bien, con mantener las condiciones requeridas para el disfrute del beneficio de la amortización libre, estos se mantienen.

«La aplicación del beneficio fiscal de la libertad de amortización en el Impuesto sobre Sociedades implica para el contribuyente la posibilidad de efectuar un ajuste

negativo sobre el resultado contable por la diferencia entre la amortización contable del elemento acogido al incentivo en cuestión y el gasto fiscal derivado de la aplicación del mismo. Por tanto, en el caso de que en el momento de la transmisión del bien el valor contable sea superior al valor fiscal del bien, la entidad consultante deberá integrarse dicha diferencia en la base imponible, en los términos señalados en el artículo 20 de la LIS».

Consulta vinculante de la Dirección General de Tributos (V1043-19), de 13 de mayo de 2019

Asunto: posibilidad de aplicar la libertad de amortización prevista en el artículo 102 de la LIS.

«Por tanto, de acuerdo con lo anterior, la consultante, que manifiesta cumplir los requisitos para su consideración como empresa de reducida dimensión, podrá aplicar la libertad de amortización (siempre que se cumplan todos los requisitos establecidos en la ley) al inmovilizado material nuevo desde la puesta en funcionamiento del mismo.

De la información que consta en el escrito de consulta parece desprenderse que la nave industrial entra en funcionamiento en el período impositivo 2018 por lo que, de acuerdo con lo dispuesto en el precepto transcrito, será preciso que la plantilla media total de la consultante durante los años 2018 y 2019 supere su plantilla media total del año 2017 y dicho incremento se mantenga, como mínimo, durante los años 2020 y 2021».

3.9.3. Régimen fiscal arrendamiento financiero

En el contrato de arrendamiento financiero o leasing, el arrendador cede el uso y disfrute de un bien al cliente o arrendatario, a cambio de unas cuotas periódicas que incluyen el coste de la cesión más los intereses y gastos de la financiación.

El artículo 106 de la LIS regula el régimen fiscal de determinados contratos de arrendamiento financiero. El citado régimen fiscal solo se aplica si el arrendador financiero es una entidad de crédito o un establecimiento financiero de crédito y los contratos tienen una duración mínima de 2 años, cuando se trate de bienes muebles, y de 10 años, cuando tengan por objeto bienes inmuebles o establecimientos industriales.

Además, las cuotas de arrendamiento financiero deberán aparecer expresadas en los respectivos contratos diferenciando la parte que corresponda a la recuperación del coste del bien por la entidad arrendadora, excluido el valor de la opción de compra y la carga financiera exigida por ella, todo ello sin perjuicio de la aplicación del gravamen indirecto que corresponda.

Por otra parte, el importe anual de la parte de las cuotas de arrendamiento financiero correspondiente a la recuperación del coste del bien deberá permanecer igual o tener carácter creciente a lo largo del período contractual.

En estos supuestos, **la carga financiera satisfecha a la entidad arrendadora tendrá la consideración de gasto fiscalmente deducible.**

Igualmente será **gasto deducible la parte de las cuotas de arrendamiento financiero satisfechas correspondiente a la recuperación del coste del bien,** salvo en el caso de que el contrato tenga por objeto terrenos, solares y otros activos no amortizables. En el caso de que tal condición concurra solo en una parte del bien objeto de la operación, podrá deducirse únicamente la proporción que corresponda a los elementos susceptibles de amortización, que deberá ser expresada diferenciadamente en el respectivo contrato.

No obstante, la deducibilidad de la parte de las cuotas de arrendamiento financiero satisfechas correspondiente a la recuperación del coste del bien tiene un límite. Así, el importe de la cantidad deducible no podrá ser superior al resultado de aplicar al coste del bien el doble del coeficiente de amortización lineal según tablas de amortización oficialmente aprobadas que corresponda al citado bien. Las cantidades que superen ese límite serán deducibles en los períodos impositivos sucesivos, pero siempre respetando el mismo límite.

A efectos del cálculo del citado límite se tendrá en cuenta el momento de la puesta en condiciones de funcionamiento del bien.

Si el contribuyente del IS es una **entidad de reducida dimensión**, en los términos del artículo 101 de las LIS, **el límite de la deducción se calculará multiplicando por 1,5 el duplo de coeficiente de amortización lineal según tablas de amortización oficialmente aprobadas**.

La deducción de las cantidades que se refieren a la parte de las cuotas de arrendamiento financiero satisfechas correspondiente a la recuperación del coste del bien no estará condicionada a su imputación contable en la cuenta de pérdidas y ganancias.

Dentro de este régimen fiscal, también se permite a las entidades arrendatarias optar, a través de una comunicación al Ministerio de Hacienda y Administraciones Públicas, por establecer que el momento para cálculo del límite como gasto deducible de la parte de las cuotas de arrendamiento financiero satisfechas correspondiente a la recuperación del coste del bien temporal se corresponde con el momento del inicio efectivo de la construcción del activo, siempre y cuando se produzcan de forma simultánea los siguientes requisitos:

- Que se trate de activos que tengan la consideración de elementos del inmovilizado material que sean objeto de un contrato de arrendamiento financiero, en el que las cuotas del referido contrato se satisfagan de forma significativa antes de la finalización de la construcción del activo.

- Que la construcción de estos activos implique un período mínimo de 12 meses.

- Que se trate de activos que reúnan requisitos técnicos y de diseño singulares y que no se correspondan con producciones en serie.

Por lo que se refiere a la comunicación de esta opción, el artículo 50 del RIS prevé que se realice a la Dirección General de Tributos del Ministerio de Hacienda y Administraciones Públicas, y que debe realizarse antes de la finalización del período impositivo en el que se pretenda que surta efectos. Además, la comunicación contendrá, como mínimo, los siguientes datos:

- Identificación del activo objeto del contrato de arrendamiento financiero.

- Indicación de la fecha de inicio efectivo y fin del período de construcción del activo.

- Determinación de los importes y del momento temporal en que se van a satisfacer las cuotas del contrato de arrendamiento financiero.

- Indicación de que los activos reúnen requisitos técnicos y de diseño singulares y que no se corresponden con una producción en serie.

Por último, el artículo 106 prevé que, en los supuestos de pérdida o inutilización definitiva del bien por causa no imputable al contribuyente y debidamente justificada, no se integrará en la base imponible del arrendatario la diferencia positiva entre la cantidad deducida en concepto de recuperación del coste del bien y su amortización contable.

CUESTIÓN

¿Pueden deducirse los gastos derivados de un vehículo adquirido en *renting* aplicando el artículo 106 de la LIS?

Tal y como señala tributos en la consulta vinculante de la DGT (V0047-24), de 14 de febrero de 2024: *«Hay que partir de la consideración de que desde el punto de vista jurídico en los contratos de renting la propiedad del bien, vehículo en nuestro caso, no se adquiere hasta que no ejerce la opción de compra. Por otra parte, los contratos de renting deben contabilizarse del mismo modo que los contratos de arrendamiento financiero, según señala el Plan General de Contabilidad, aprobado por Real Decreto 1514/2007, de 16 de noviembre –en adelante PGC-, en su norma de valoración 8.1 salvo en aquellos supuestos en los que el contrato de renting se configure como un arrendamiento operativo, en cuyo caso, se contabilizará con arreglo a la norma de valoración 8.2 del citado PGC».* Por tanto, tal y como se recoge en la mentada resolución:

«(...) si el contrato de renting, responde a las condiciones señaladas anteriormente, conforme los puntos 5 y 6 del artículo 106, tendrán la consideración de gasto fiscalmente deducible la carga financiera satisfecha a la entidad arrendadora y la parte de las cuotas de arrendamiento financiero satisfechas correspondiente a la recuperación del coste del bien, esta última con el límite del importe que resulte de aplicar a dicho coste el duplo (el triple, si tiene la consideración de empresa de reducida dimensión) del coeficiente de amortización lineal según tablas de amortización oficialmente aprobadas que corresponda al citado bien.

El exceso será deducible en los períodos impositivos sucesivos, respetando igual límite. Caso de que el contrato no reúna los requisitos previstos en el artículo 106 de la Ley del Impuesto sobre Sociedades, tendrá la consideración de gasto fiscalmente deducible la carga financiera satisfecha así como un importe equivalente a las cuotas de amortización que, de acuerdo con los sistemas de amortización establecidos en el apartado 1 del artículo 12 de la citada Ley, corresponderían al bien objeto del contrato».

RESOLUCIONES ADMINISTRATIVAS

Consulta vinculante de la Dirección General de Tributos (V2176-21), de 30 de julio de 2021

Asunto: Tratamiento en IS y deducibilidad de gastos en los contratos de arrendamiento financiero u operativo.

«(...) en caso de que procediera calificar el contrato como de arrendamiento operativo resultaría de aplicación el artículo 11.1 de la LIS sobre imputación temporal de ingresos y gastos (...)

El apartado 3. 1º del mismo artículo 11 de la LIS establece que:

"3. 1.º No serán fiscalmente deducibles los gastos que no se hayan imputado contablemente en la cuenta de pérdidas y ganancias o en una cuenta de reservas si así lo establece una norma legal o reglamentaria, a excepción de lo previsto en esta Ley respecto de los elementos patrimoniales que puedan amortizarse libremente o de forma acelerada.

(…)."

En conclusión, de acuerdo con lo anterior, el gasto por alquiler devengado en cada período impositivo tendría la consideración de gasto fiscalmente deducible a efectos de determinar su base imponible por el Impuesto sobre Sociedades, en la medida en que cumpla las condiciones legalmente establecidas en términos de inscripción contable, imputación con arreglo a devengo y justificación documental, y siempre que no tenga la consideración de gasto fiscalmente no deducible por aplicación de algún precepto específico establecido en la LIS.

En caso de que el contrato fuera calificado como de arrendamiento financiero, el régimen fiscal aplicable se encuentra en el artículo 106 de la LIS (...)

Por lo tanto, en la medida en que se cumplan los requisitos establecidos en el artículo de la LIS reproducido, la entidad consultante podrá considerar como gasto deducible, a efectos fiscales, además de la carga financiera satisfecha a la entidad arrendadora, la parte de las cuotas de arrendamiento financiero satisfechas correspondiente a la recuperación del coste del bien con el límite del duplo del coeficiente de amortización lineal según tablas de amortización oficialmente aprobadas, en las condiciones que establece el apartado 6 del artículo 106 de la LIS».

Consulta vinculante de la Dirección General de Tributos (V1079-19), de 21 de mayo de 2019

Asunto: deducibilidad de la amortización tras la finalización del contrato de arrendamiento financiero.

«De acuerdo con los preceptos anteriores, la amortización de cualquier inmovilizado material debe comenzarse en el momento de la puesta en condiciones de funcionamiento del bien y será deducible, de acuerdo con el artículo 12 de la LIS, durante toda la vida útil del mismo. Cuando dicho inmovilizado se adquiera bajo el marco de un contrato de arrendamiento financiero podrá aplicarse la amortización fiscal acelerada regulada en el artículo 106.6 de la LIS.

En el caso planteado, la consultante afirma que se cumplen los requisitos legales para la aplicación del régimen especial del Capítulo XII del Título VII de la LIS. Por tanto, desde la puesta en condiciones de funcionamiento del bien, podrá deducir la parte de la cuota de arrendamiento financiero satisfecha correspondiente al coste del bien hasta el resultado de aplicar a dicho coste el duplo del coeficiente de amortización lineal según tablas oficiales.

Una vez se deje de satisfacer cuotas de arrendamiento, y en la medida en que el bien continúe perteneciendo al inmovilizado de la sociedad y no esté fiscalmente amortizado en su totalidad, restándole aún vida útil, podrá continuar su amortización en base a las reglas generales aplicables de la LIS».

Consulta vinculante de la Dirección General de Tributos (V4445-16), de 17 de octubre de 2016

Asunto: si, a los efectos del período previsto en el artículo 106.8.b) de la LIS, debe computarse el tiempo transcurrido desde el inicio de la construcción del buque hasta el momento en que finalice su construcción por parte del astillero y se proceda a su entrega, con independencia de que un momento anterior

con ocasión de la botadura del buque se transmita la propiedad del mismo al armador.

«Además, el apartado 7 del mismo precepto establece que "la deducción de las cantidades a que se refiere el apartado anterior no estará condicionada a su imputación contable en la cuenta de pérdidas y ganancias".

De acuerdo con lo anterior, el criterio de la LIS es que la deducibilidad de las cuotas satisfechas por la parte que correspondan a la recuperación del coste del bien no está condicionada a su imputación contable, como excepción al principio general de inscripción contable del artículo 11 de la LIS.

En la medida en la que la se cumplan los requisitos previstos en el artículo 106 de la LIS, la deducción de las cuotas satisfechas se producirá desde el momento temporal correspondiente con el inicio efectivo de la construcción del buque y continuará practicándose durante la vigencia del contrato de arrendamiento financiero, con independencia de que sea antes o después de la puesta en condiciones de funcionamiento del buque.

Para poder aplicar lo dispuesto en el artículo 106.8 de la LIS, la letra b) del mismo exige que los activos, cuya amortización fiscal se va a anticipar, requieran un período de construcción mínimo de 12 meses.

A los efectos de entender cumplido este requisito en los procesos de construcción de buques, caso objeto de la consulta, debe considerarse que el período construcción propiamente dicho comienza con el inicio del corte del acero y termina con la entrega el buque. Todo ello con independencia de que el armador adquiera la propiedad del buque en momento anterior con ocasión de la botadura del buque. No obstante, para poder aplicar lo dispuesto en el artículo 106 de la LIS, la AIE debe adquirir la propiedad del buque como consecuencia del ejercicio de la opción de compra».

3.9.4. Deudores de dudoso cobro

Otro de los incentivos fiscales previstos en el capítulo XI del título VII de la LIS para las entidades de reducida dimensión es el referido a las pérdidas por deterioro de los créditos por posibles insolvencias de deudores.

El artículo 13 de la LIS prevé la deducibilidad de las pérdidas por deterioro de los créditos derivadas de las posibles insolvencias de los deudores, cuando en el momento del devengo del impuesto concurra alguna de las siguientes circunstancias:

- Que haya transcurrido el plazo de seis meses desde el vencimiento de la obligación.
- Que el deudor esté declarado en situación de concurso.
- Que el deudor esté procesado por el delito de alzamiento de bienes.
- Que las obligaciones hayan sido reclamadas judicialmente o sean objeto de un litigio judicial o procedimiento arbitral de cuya solución dependa su cobro.

Sin embargo, el precepto también contempla una serie de pérdidas por deterioro de créditos que no serán deducibles:

- Las correspondientes a créditos adeudados por entidades de derecho público, excepto que sean objeto de un procedimiento arbitral o judicial que verse sobre su existencia o cuantía.

- Las correspondientes a créditos adeudados por personas o entidades vinculadas, salvo que estén en situación de concurso y se haya producido la apertura de la fase de liquidación por el juez, en los términos establecidos en el Real Decreto Legislativo 1/2020, de 5 de mayo, por el que se aprueba el texto refundido de la Ley Concursal (en realidad, el artículo se refiere a la Ley 22/2003, de 9 de julio, Concursal, pero esa norma se encuentra derogada a día de hoy —salvo ciertas previsiones que transitoriamente permanecen vigentes—, por lo que la referencia debe entenderse hecha a la nueva regulación).

- Las correspondientes a estimaciones globales del riesgo de insolvencias de clientes y deudores.

No obstante, conforme a lo estipulado en el artículo 104 de la LIS, las entidades que cumplan las condiciones del artículo 101 de la LIS para ser empresas de reducida dimensión podrán deducir las pérdidas por deterioro de los créditos para la cobertura del riesgo derivado de las posibles insolvencias hasta el límite del 1 % sobre los deudores existentes a la conclusión del período impositivo.

A estos efectos, la entidad debe tener la condición de empresa de reducida dimensión en el período impositivo en el que sea deducible la pérdida.

Además, el saldo de la pérdida por deterioro no podrá exceder del 1 % del saldo de los deudores existentes a la conclusión del período impositivo. En dicho saldo no se incluirán los deudores sobre los que se hubiese reconocido la pérdida por deterioro de los créditos por insolvencias establecidas en el artículo 13.1 de la LIS, ni aquellos otros cuyas pérdidas por deterioro no tengan el carácter de deducibles según lo dispuesto en dicho artículo.

En los períodos impositivos en que dejen de cumplirse las condiciones para ser consideradas entidades de reducida dimensión, las pérdidas efectuadas en estos períodos impositivos por deterioro de los créditos para la cobertura del riesgo derivado de las posibles insolvencias de los deudores no serán deducibles hasta el importe del saldo de la pérdida por deterioro cuando la entidad tenía la consideración de empresa de reducida dimensión.

3.9.5. Reserva de nivelación

El artículo 105 de la LIS regula un incentivo fiscal al que pueden acogerse las empresas de reducida dimensión, bajo la rúbrica de «reserva de nivelación de bases imponibles».

Conforme a lo establecido en el citado artículo, las entidades de reducida dimensión que apliquen el tipo de gravamen general, previsto en el primer párrafo del artículo 29.1 de la LIS, podrán minorar su base imponible positiva hasta el 10 % de su importe. En cualquier caso, la minoración no podrá superar el importe de 1 millón de euros.

Si el período impositivo tuviera una duración inferior a un año, el límite de 1 millón de euros se aplicará en proporción a la duración del período impositivo respecto del año natural.

Las cantidades minoradas se adicionarán a la base imponible de los períodos impositivos que concluyan en los 5 años inmediatos y sucesivos a la finalización del período impositivo en que se realice dicha minoración, siempre que el contribuyente tenga una base imponible negativa, y hasta el importe de la misma.

El importe restante se adicionará a la base imponible del período impositivo correspondiente a la fecha de conclusión del referido plazo.

Paralelamente, el contribuyente deberá dotar una reserva por el importe de la minoración, que será indisponible hasta el período impositivo en que se produzca la adición a la base imponible de la entidad de las cantidades minoradas.

La reserva deberá dotarse con cargo a los resultados positivos del ejercicio en que se realice la minoración en base imponible. En caso de no poderse dotar esta reserva, la minoración estará condicionada a que la misma se dote con cargo a los primeros resultados positivos de ejercicios siguientes respecto de los que resulte posible realizar esa dotación.

A estos efectos, no se entenderá que se ha dispuesto de la referida reserva, en los siguientes casos:

- Cuando el socio o accionista ejerza su derecho a separarse de la entidad.

- Cuando la reserva se elimine, total o parcialmente, como consecuencia de operaciones a las que resulte de aplicación el régimen fiscal especial establecido en el capítulo VII del título VII de la LIS.

- Cuando la entidad deba aplicar la referida reserva en virtud de una obligación de carácter legal.

Esta minoración debe ser tenida en cuenta a los efectos del cálculo de los pagos fraccionados del Impuesto sobre Sociedades a que se refiere el artículo 40.3 de la LIS.

El artículo 273 del texto refundido de la Ley de Sociedades de Capital, aprobado por el Real Decreto Legislativo 1/2010, de 2 de julio, establece en su apartado 1 que la junta general resolverá sobre la aplicación del resultado del ejercicio de acuerdo con el balance aprobado. En consecuencia, la reserva de nivelación deberá dotarse en el momento determinado por la norma mercantil para la aplicación del resultado del ejercicio.

Las cantidades destinadas a la dotación de la reserva prevista en este artículo no podrán aplicarse, simultáneamente, al cumplimiento de la reserva de capitalización establecida en el artículo 25 de la LIS ni de la Reserva para Inversiones en Canarias prevista en el artículo 27 de la Ley 19/1994, de 6 de julio, de modificación del Régimen Económico y Fiscal de Canarias.

Si la entidad incumpliese los requisitos para aplicar este incentivo fiscal, la misma deberá integrar en la cuota íntegra del período impositivo en que tenga lugar el incumplimiento, la cuota íntegra correspondiente a las cantidades que han sido objeto de minoración, incrementadas en un 5 %, junto con los intereses de demora.

RESOLUCIONES ADMINISTRATIVAS

Consulta vinculante de la Dirección General de Tributos (V3495-19), de 20 de diciembre de 2019

Asunto: posibilidad de aplicación de la reserva de nivelación si se ha aplicado el tipo impositivo para entidades de nueva creación.

«Este artículo 105 de la LIS permite minorar la base imponible positiva hasta el 10 % de su importe, en los términos establecidos en dicho artículo. Uno de los requisitos que establece el artículo 105 de la LIS, para poder minorar la base imponible, de acuerdo con su apartado 1, es que el contribuyente tribute al tipo de gravamen previsto en el primer párrafo del apartado 1 del artículo 29 de la LIS.

En este sentido, el artículo 29.1 de la LIS establece que:

"1. El tipo general de gravamen para los contribuyentes de este Impuesto será el 25 por ciento.

No obstante, las entidades de nueva creación que realicen actividades económicas tributarán, en el primer período impositivo en que la base imponible resulte positiva y en el siguiente, al tipo del 15 por ciento, excepto si, de acuerdo con lo previsto en este artículo, deban tributar a un tipo inferior.

A estos efectos, no se entenderá iniciada una actividad económica:

(…)".

En consecuencia, en la medida en que la entidad consultante no ha tributado al tipo de gravamen previsto en el primer párrafo del apartado 1 del artículo 29 de la LIS (25 %), sino al tipo de gravamen del 15 por ciento que se encuentra regulado en el segundo párrafo y siguientes de dicho apartado, no podrá reducir su base imponible en los términos establecidos en el artículo 105 de la LIS».

Consulta vinculante de la Dirección General de Tributos (V1913-23), de 4 de julio de 2023

Asunto: asunción de las obligaciones derivadas de la reserva de nivelación en caso de que se realice una fusión por absorción a la que resulte de aplicación el régimen de neutralidad fiscal de los artículos 76 y siguientes de la LIS.

«En relación a la subrogación por parte de la entidad adquirente en los derechos y obligaciones de la entidad absorbida, sin que este Centro Directivo entre a valorar la procedencia de la aplicación de la Reserva para Inversiones en Canarias o la Reserva de Nivelación, hay que hacer referencia a lo dispuesto en el artículo 84 de la LIS, relativo a la subrogación en los derechos y obligaciones tributarias, para el caso de ser aplicable el referido régimen tributario de neutralidad fiscal. Así, dicho artículo establece que:

"1. Cuando las operaciones mencionadas en el artículo 76 u 87 de esta Ley determinen una sucesión a título universal, se transmitirán a la entidad adquirente los derechos y obligaciones tributarias de la entidad transmitente.

Cuando la sucesión no sea a título universal, se transmitirán a la entidad adquirente los derechos y obligaciones tributarias que se refieran a los bienes y derechos transmitidos.

La entidad adquirente asumirá el cumplimiento de los requisitos necesarios para continuar aplicando los beneficios fiscales o consolidar los aplicados por la entidad transmitente.

(…)."

> *El artículo 84.1 de la LIS establece que las operaciones del artículo 87 de dicha Ley que determinen una sucesión a título universal, supondrán la transmisión a la entidad adquirente los derechos y obligaciones tributarias del transmitente.*
>
> *En consecuencia de acuerdo con el artículo 84.1 de la LIS, **la entidad adquirente asumirá el cumplimiento de los requisitos derivados de los incentivos fiscales del consultante** referidos a los elementos patrimoniales que recibe y, en particular, asumirá el cumplimiento de las obligaciones de materialización y mantenimiento de la Reserva para Inversiones en Canarias, en los términos previstos en el artículo 27 de la Ley 19/1994, de 6 de julio, de modificación del Régimen Económico y Fiscal de Canarias, así como de las obligaciones derivadas de lo dispuesto en el artículo 25 de la LIS (Reserva de Capitalización) y en el artículo 105 de la LIS (Reserva de Nivelación)».*

3.10. Atenciones con clientes y proveedores

Los gastos por atenciones con clientes o proveedores **serán deducibles en el IS, siempre que guarden relación con la obtención de ingresos de la actividad y que se cumplan el resto de los requisitos generales** en términos de inscripción contable, correlación con los ingresos, adecuada imputación temporal y justificación documental. Así se desprende del artículo 15.e) de la LIS, que excluye la deducibilidad de los donativos y liberalidades, pero especificando que no se entenderán comprendidos entre ellos «los gastos por atenciones a clientes o proveedores ni los que con arreglo a los usos y costumbres se efectúen con respecto al personal de la empresa ni los realizados para promocionar, directa o indirectamente, la venta de bienes y prestación de servicios, ni los que se hallen correlacionados con los ingresos».

Ahora bien, la deducibilidad de los gastos por atenciones a clientes o proveedores no es absoluta y solo se permite con el **límite del 1 % del importe neto de la cifra de negocios del período impositivo.**

En cuanto a la naturaleza y alcance de estos gastos, cabe traer a colación la doctrina sentada por el Tribunal Supremo con respecto al artículo 14.1.e) del ya derogado Real Decreto Legislativo 4/2004, de 5 de marzo, por el que se aprobaba el texto refundido de la Ley del Impuesto sobre Sociedades (en adelante, TRLIS); norma sustituida por la actual LIS. El antiguo artículo 14.e) de la TRLIS era el que excluía la deducibilidad de los donativos y liberalidades, sin comprender dentro de ellos, entre otros, «los gastos por relaciones públicas con clientes o proveedores», aunque sin fijar un límite a su deducibilidad. Actualmente, la previsión se ha trasladado al artículo 15.e) de la LIS, que, en su lugar, se refiere a «los gastos por atenciones a clientes o proveedores» y fija un límite a su deducción, del 1 % del importe neto de la cifra de negocios del período impositivo. En particular, y con respecto al mencionado precepto, la sentencia del Tribunal Supremo n.º 458/2021, de 30 de marzo, ECLI:ES:TS:2021:1233, fijó los siguientes criterios interpretativos:

> «(...) el art. 14.1.e) del Real Decreto Legislativo 4/2004, debe interpretarse en el sentido de que los gastos acreditados y contabilizados no son

deducibles cuando constituyan donativos y liberalidades, entendiéndose por tales las disposiciones de significado económico, susceptibles de contabilizarse, realizadas a título gratuito; serán, sin embargo deducibles, aquellas disposiciones —que conceptualmente tengan la consideración de gasto contable y contabilizado— a título gratuito realizadas por relaciones públicas con clientes o proveedores, las que con arreglo a los usos y costumbres se efectúen con respecto al personal de la empresa y las realizadas para promocionar, directa o indirectamente, la venta de bienes y prestación de servicios, y todas aquellas que no comprendidas expresamente en esta enumeración respondan a la misma estructura y estén correlacionadas con la actividad empresarial dirigidas a mejorar el resultado empresarial, directa o indirectamente, de presente o de futuro, siempre que no tengan como destinatarios a socios o partícipes».

A grandes rasgos, puede decirse que los gastos por atenciones con clientes o proveedores son aquellos en los que incurre la empresa con el objetivo de fidelizar a unos u otros y que, por lo tanto, no responden a la mera liberalidad, sino que persiguen un resultado último, indirecto y de futuro: mejorar los resultados de la empresa. De ahí la relevancia de acreditar que los gastos efectuados por este concepto (que, además, pueden ser muy variados y consistir, por ejemplo, en regalos, comidas o cenas, etc.) están **correlacionados con la actividad empresarial y no constituyen gastos fraudulentos o artificiosos realizados con el único objetivo de obtener una ventaja fiscal.**

Por otro lado, la deducción de gastos por atenciones a clientes o proveedores exige que **pueda seguirse de algún modo la identidad de los destinatarios,** que siempre tendrán que ser **clientes o proveedores.** No podrán serlo, por ejemplo, los propios socios o partícipes. De hecho, en tal sentido, el Tribunal Supremo apuntó lo siguiente al pronunciarse sobre la pretendida deducibilidad de una cancelación a determinados clientes de comisiones que contractualmente había derecho a percibir (STS, recurso n.° 883/2010, de 28 de febrero de 2013, ECLI:ES:TS:2013:1003):

«Tal condonación, qué duda cabe, constituye una liberalidad, en la medida en que reporta para tales clientes un beneficio o ventaja gratuita, sin que del expediente se desprenda circunstancia alguna que permita identificar una obligación de la entidad financiera de renunciar a la comisión o un beneficio directa o indirectamente obtenido por esta a cambio (...).

El motivo o razón para proceder a la condonación (liberalidad) es trascendental para calificar el gasto, pues si estamos ante cancelaciones discrecionales, sin criterio, difícilmente se podrá justificar la existencia de una actividad de promoción o una campaña de relaciones públicas. Si el motivo de la liberalidad que se alega es el de las relaciones públicas con "determinados clientes" deberá justificarse que efectivamente existe una política en ese sentido y no una actuación discrecional o arbitraria que también sería posible. Nada ha sido acreditado en las actuaciones.

Por eso concluye la sentencia recurrida que al no constar la identidad de los destinatarios de la condonación de la retrocesión del cargo previamente efectuado, carece de todo soporte probatorio que podamos hablar de gastos de relaciones públicas con clientes, pues tal definición requeriría comprender de forma global el alcance de la relación de cada uno de aquéllos con la entidad crediticia, de la misma manera que tampoco es posible considerar que haya en este caso una "correlación con los ingresos", impensable si no se tiene a la vista la identidad de los beneficiarios de esa medida unilateral de liberalidad».

RESOLUCIÓN ADMINISTRATIVA

Consulta vinculante de la Dirección General de Tributos (V2684-21), de 5 de noviembre de 2021

Asunto: deducibilidad en el IS de los gastos de adquisición de monedas de oro por parte de una sociedad mercantil, para su empleo como atención a clientes o proveedores.

«(...) la consultante manifiesta en el escrito de consulta que el oro adquirido en forma de moneda será entregado como regalo a sus clientes y proveedores. Dicho gasto podrá tener la consideración de fiscalmente deducible en la medida en que cumpla con los requisitos generales de deducibilidad, anteriormente señalados, y se corresponda con actividades que puedan calificarse como atenciones a clientes o proveedores por tratarse de obsequios que respondan a tales fines, persiguiendo fidelizar a unos u otros. No obstante, esta es una cuestión de hecho que deberá, en su caso, ser probada por cualquier medio de prueba válido en Derecho y cuya valoración corresponderá a los órganos competentes de la Administración tributaria.

(...) de conformidad con lo dispuesto en la letra e) del artículo 15 de la LIS, los gastos comprendidos en la categoría de atenciones a clientes y proveedores serán deducibles con el límite del 1 por ciento del importe neto de la cifra de negocios del período impositivo».

CUESTIONES

1. ¿Cómo se determina el importe neto de la cifra de negocios del período impositivo a los efectos del límite de deducción en el IS de los gastos por atenciones a clientes o proveedores?

Conforme a lo establecido en el artículo 35 del Código de Comercio, en la norma 11.ª de elaboración de las cuentas anuales del PGC y en la norma 9.ª de elaboración de las cuentas anuales del PGC PYMES, el importe neto de la cifra anual de negocios se determinará deduciendo del importe de las ventas de los productos y de las prestaciones de servicios u otros ingresos correspondientes a las actividades ordinarias de la empresa, el importe de cualquier descuento (bonificaciones y demás reducciones sobre las ventas) y el del IVA y otros impuestos directamente relacionados con las mismas, que deban ser objeto de repercusión.

Por su parte, los criterios para calcular la cifra anual de negocios se establecen en el artículo 34 de la Resolución de 10 de febrero de 2021, del Instituto de Contabilidad y Auditoría de Cuentas, por la que se dictan normas de registro, valoración y elaboración de las cuentas anuales para el reconocimiento de ingresos por la entrega de bienes y la prestación de servicios. Del tenor del precepto, y de manera general, cabe destacar lo apuntado por sus apartados 2 y 3:

«2. Componentes positivos de la cifra de negocios.

Se incluirán como componentes positivos el importe de la contraprestación a la que la empresa espera tener derecho a cambio de la transferencia de los bienes y servicios comprometidos derivados de contratos con clientes, así como otros ingresos no derivados de contratos con clientes que constituyan la actividad o actividades ordinarias de la empresa.

Se entiende por actividad ordinaria aquella que realiza la empresa regularmente y por la que obtiene ingresos de carácter periódico.

3. Componentes negativos de la cifra de negocios.

Para obtener el importe neto de la cifra anual de negocios, del importe obtenido conforme a lo previsto en el apartado 2 anterior, se deducirán en todo caso las siguientes partidas:

a) Los importes de las devoluciones de ventas. Cuando la empresa estime el pasivo por reembolso en aplicación del criterio regulado en el artículo 24, el reconocimiento de la correspondiente provisión se realizará con cargo a la cuenta "708. Devoluciones de ventas y operaciones similares".

b) Los "rappels" sobre ventas o prestaciones de servicios.

c) Los descuentos comerciales que se efectúen en los ingresos objeto de cómputo en la cifra anual de negocios.

d) Los descuentos por pronto pago concedidos fuera de factura».

2. Una sociedad de responsabilidad limitada ha invertido 4.000 euros en la adquisición de obsequios para sus clientes y proveedores, en un ejercicio en el que el importe neto de su cifra de negocios fue de 110.000 euros. ¿Podrá deducirse íntegramente esos gastos en su IS?

Conforme al artículo 15.e) de la LIS, la sociedad podrá deducirse los gastos por atenciones a clientes o proveedores con el límite del 1 % del importe neto de la cifra de negocios del período impositivo. Por lo tanto, dado que el importe neto de la cifra de negocios del período impositivo es de 110.000 euros, la sociedad solo podrá deducirse por tal concepto la cantidad de 1.100 euros.

3. ¿Cabe la deducción en el IS de los gastos por comidas con clientes?

La deducibilidad de estos gastos se encuentra especialmente condicionada por el principio de su correlación con los ingresos, de forma que solo serán deducibles, conforme al artículo 15.e) de la LIS, aquellos con respecto a los cuales se acredite que se han ocasionado en el ejercicio de la actividad, es decir, que estén relacionados con la obtención de los ingresos: Por el contrario, cuando no exista tal vinculación o no se pruebe lo suficiente, no será posible la deducción. Además, será necesario que se cumplan los requisitos generales que posibilitan la deducción de gastos en el IS, referidos a la correcta imputación temporal del gasto, su registro en la contabilidad o en los libros registros que el contribuyente deba llevar y su adecuada justificación documental.

En este sentido, y con respecto a las comidas con clientes, la Dirección General de Tributos afirmó en su consulta vinculante (V0849-21), de 12 de abril de 2021:

«(...) en atención al principio de correlación de ingresos y gastos, los gastos correspondientes a comidas con clientes se considerarán fiscalmente deducibles cuando vengan exigidos por el desarrollo de la actividad, siempre que, además, cumplan los demás requisitos legales y reglamentarios, entre los que se encuentra el límite del 1 por ciento del importe neto de la cifra de negocios del periodo impositivo previsto en el anteriormente reproducido artículo 15 de la LIS.

Esta correlación deberá probarse por cualquiera de los medios generalmente admitidos en derecho, siendo competencia de los órganos de gestión e inspección de la Administración Tributaria la valoración de las pruebas aportadas. En el caso de que no existiese vinculación o ésta no fuese suficientemente probada, tales gastos no podrán considerarse fiscalmente deducibles de la actividad económica».

4. Y en el caso de que una casa de apuestas invite a bebidas a sus clientes, ¿puede deducirse ese gasto como atención a clientes?

En este caso podemos citar la consulta vinculante de la DGT (V2347-24), de 12 de noviembre de 2024, en la que se señala que: *«(...) tratándose de invitaciones a consumiciones de bebidas a los clientes que efectúan apuestas, en la medida en que se tratan de gastos por atenciones a clientes, serán deducibles con el límite del 1 por ciento del importe neto de la cifra de negocios del período impositivo, de conformidad con lo dispuesto en el tercer párrafo de la letra e) del artículo 15 de la LIS»*..

3.11. Gastos derivados de usos y costumbres

Los donativos y liberalidades no son, con carácter general, deducibles en el Impuesto sobre Sociedades. Sin embargo, el artículo 15.e) de la LIS excluye de tal categoría los **gastos «que con arreglo a los usos y costumbres se efectúen con respecto al personal de la empresa»**. Por lo tanto, dichos gastos sí **podrán ser objeto de deducción, siempre que además cumplan los requisitos generales en términos de inscripción contable, correlación con los ingresos, adecuada imputación temporal y suficiente justificación documental.**

> **A TENER EN CUENTA.** El gasto debe tratarse como una retribución en especie a los trabajadores, que tendrá que reflejarse en su nómina y que estará sujeta a retención o ingreso a cuenta del impuesto que grave su renta.

Dentro de esta categoría cabría incluir, por ejemplo, las cenas o comidas de empresa que muchas sociedades celebran por Navidad, las cestas con distintos productos entregadas a los trabajadores por esas mismas fechas o las participaciones de lotería. Todos ellos serían gastos deducibles en el impuesto, siempre que la **entidad acredite la realidad del gasto y su naturaleza, así como su adecuación a los usos y costumbres de la empresa** (básicamente, demostrando su carácter reiterado y habitual, a cuyos efectos podrían aportarse facturas de años anteriores).

Conviene traer de nuevo a colación en este punto lo sentado por el Tribunal Supremo con respecto al antiguo artículo 14.e) del TRLIS en su sentencia n.º 458/2021, de 30 de marzo, ECLI:ES:TS:2021:1233 [que con respecto a estos gastos contenía idéntica previsión que la actualmente recogida en el artículo 15.e) de la LIS], donde se especificaba que dicho precepto debía interpretarse en el sentido de que los gastos acreditados y contabilizados no son deducibles cuando constituyan donativos y liberalidades, entendiéndose por tales las disposiciones de significado económico, susceptibles de contabilizarse, realizadas a título gratuito. Sin embargo, sí cabría la deducción de aquellas otras «disposiciones —que conceptualmente tengan la consideración de gasto contable y contabilizado— a título gratuito realizadas por relaciones públicas con clientes o proveedores, las que con arreglo a los usos y costumbres se efectúen con respecto al personal de la empresa y las realizadas para promocionar, directa o indirectamente, la venta de bienes y prestación de servicios, y todas aquellas que no comprendidas expresamente en esta enumeración respondan a la misma estructura y estén correlacionadas con la actividad empresarial dirigidas a mejorar el resultado empresarial, directa o indirectamente, de presente o de futuro, siempre que no tengan como destinatarios a socios o partícipes».

Finalmente, en este punto, también debe insistirse sobre el hecho de que los gastos **se destinen al personal de la empresa**. De hecho, la sentencia de la Audiencia Nacional, recurso n.º 611/2019, de 30 de marzo de 2022, ECLI:ES:AN:2022:1697, establece a tal respecto lo siguiente:

> «(...) por toda justificación, la recurrente se limita a expresar una serie de afirmaciones apodícticas ("es impensable que una sociedad actúe con un interés altruista y se dedique a pagar gastos diversos por 'amor al arte' o que se trata de gastos necesarios y razonablemente cuantificados", pp. 27 y siguientes de la demanda) sobre las que no cabe sostener una pretensión de este tipo.
>
> Cualquiera que sea el estándar de prueba que se requiera para justificar la deducibilidad de este tipo de gastos, debate en el que no resulta necesario profundizar para la decisión del presente motivo de impugnación, siempre será exigible que permita distinguir entre los que tengan por destinatarios de los mismos a socios o partícipes, por una parte, y las restantes categorías mencionadas en la sentencia del Tribunal Supremo anteriormente citada [la ya mencionada sentencia del Tribunal Supremo n.º 458/2021, de 30 de marzo, ECLI:ES:TS:2021:1233] (esto es, clientes, proveedores, personal, etc...), por otra».

RESOLUCIÓN RELEVANTE

Sentencia del Tribunal Superior de Justicia de Galicia n.º 114/2024, de 8 de febrero, ECLI:ES:TSJGAL:2024:1395

Asunto: deducibilidad en el IS por gastos en celebraciones y lotería de Navidad.

«A modo de resumen, como es criterio de esta Sala, expuesto entre otras en la Sentencia de 17 de julio de 2023 (Recurso 15553/2022) en el ámbito del impuesto sobre sociedades para que un gasto sea deducible es necesaria su justificación, contabilización, imputación al ejercicio de devengo, salvo que concurran los requisitos que permitan la aplicación de otro criterio, y que estén relacionados directa o indirectamente con la actividad, considerando que las atenciones a clientes, comidas... y demás actuaciones de relaciones públicas, no se consideran donativos o liberalidades no deducibles.

(...)

4.1 Gastos relativos a alimentación- La actora sostiene que se trata de "aprovisionamientos de comida", compras de comida para invitar a clientes, proveedores y empleados por la celebración de las Fiestas de Nuestra Señora del Carmen en Cangas (evento que se ha venido celebrando históricamente por la Compañía y que es una "herramienta" importante a nivel comercial); y compras de comida para invitar en las instalaciones de la Compañía a los empleados y celebran el fin de la campaña (celebración que tiene lugar todos años de acuerdo con los usos y costumbres de la Compañía). Estas comidas normalmente se celebran en las instalaciones de la Compañía y se contrata un cátering.

(...)

A criterio de esta Sala, si se da por valido las declaraciones juradas que obran como documento 7, en las que se indica que se suele celebrar una comida de la empresa por la celebración del Carmen el último domingo de Julio de cada año y se dan por válidas las tres facturas del Asador Soriano SL; lo que no queda en absoluto justificado sería el resto de gastos de alimentación, es decir, tales "aprovisionamientos de comida" para la celebración de la festividad del Carmen, que ya se ha admitido que se celebra en un restaurante.

Por lo tanto, se desestima la deducibilidad pretendida respecto de los gastos de alimentación; aunque se admite la deducibilidad de las tres facturas de la comida de empresa de la Festividad del Carmen emitida por Asador Soriano SL de 6.419,60€ (02.08.16); 6.980€ (03.08.17) y 7.497,60 (30.07.18).

(...)

4.5 Gastos relativos a lotería

Se considera suficiente la prueba aportada respecto a la deducibilidad este gasto, al haberse justificado el mismo; así como, aportado el listado de clientes, proveedores y personal concreto de la empresa a quien se ha entregado, el n.º de décimo y cuántos se entregan por persona o entidad; coincidiendo tal listado, de modo similar, en los tres ejercicios referidos y en consideración también a las declaraciones juradas que obran al número 7. Y ello pese a que en el ejercicio 2018 también se entregue a los trabajadores un décimo de la Lotería del Niño; y no solo el décimo de Navidad, lo cual no debe interpretarse en el sentido tan estricto al defendido por la Administración demandad (de que no es costumbre regalar un décimo del Niño en la entidad, al haberse justificado su adquisición únicamente en el último de los ejercicios). Por tanto se considera justificado como una atención a clientes y empleados ajustada a los usos y costumbres de la entidad; y en atención a las consultas de la DGT V2490-17 y V0161-15»

RESOLUCIÓN ADMINISTRATIVA

Consulta vinculante de la Dirección General de Tributos (V1905-15), de 17 de junio de 2015

Asunto: deducibilidad en el IS de los gastos por adquisición de productos para las cestas de Navidad que una sociedad entrega a sus trabajadores.

«En relación con los trabajadores, siempre que las cestas formen parte de los usos y costumbres de la empresa con respecto a su personal, tendrán la consideración de gasto deducible a efectos del Impuesto sobre Sociedades. En cualquier caso, habrá que justificar el gasto y su naturaleza, así como su adecuación a los usos y costumbres. La carga de la prueba compete a quien hace valer su derecho y serán los órganos de gestión e inspección tributaria a quienes corresponda, en el ejercicio de sus funciones, la valoración de las pruebas aportadas».

CUESTIÓN

A final de año, una sociedad mercantil decide entregar participaciones en la lotería de Navidad como obsequio, tanto a sus trabajadores como a sus clientes. Nunca antes lo había hecho, pero quiere establecerlo como costumbre de ahora en adelante. ¿Podrá deducirse el gasto en su IS?

La deducibilidad de estos gastos exige que se cumplan los requisitos generales que permiten la deducción en el impuesto (inscripción contable, correlación con los ingresos, adecuada imputación temporal y suficiente justificación documental) y que se acredite, para cada uno de ellos, lo siguiente:

- En el caso de las participaciones entregadas a los trabajadores, que la entrega se lleva a cabo conforme a los usos y costumbres de la empresa. Dado que es la primera vez que se hace esta entrega, parece que no será posible la deducción; sin embargo, en los años siguientes, cuando pueda acreditarse que es costumbre de la empresa, sí cabría la deducción de darse también el resto de los requisitos.

– En el caso de las participaciones regaladas a los clientes, habrá que demostrar que el obsequio se efectúa con el objetivo de fidelizarlos para mejorar los resultados de la empresa, no por mero ánimo de liberalidad.

Además, hay que tener en cuenta que, en el caso de la entrega a los clientes, «los gastos por atenciones a clientes o proveedores serán deducibles con el límite del 1 por ciento del importe neto de la cifra de negocios del período impositivo» [artículo 15.e) de la LIS]. Por el contrario, las entregas hechas a los empleados conforme a los usos y costumbres de la empresa no entrarían dentro de esa categoría y no quedarían sujetas a ese límite.

3.12. Gastos de promoción

La no deducibilidad de los donativos y liberalidades en el IS no alcanza a los gastos «realizados para promocionar, directa o indirectamente, la venta de bienes y prestación de servicios, ni los que se hallen correlacionados con los ingresos» [artículo 15.e) de la LIS]. Por lo tanto, los gastos que entren dentro de esta categoría serán deducibles siempre que se cumplan los **requisitos generales de deducibilidad en términos de inscripción contable, correlación con los ingresos, adecuada imputación temporal y suficiente justificación documental**.

Al igual que sucedía con los gastos efectuados en atenciones a clientes o proveedores y con los realizados según los usos y costumbres a favor del personal de la empresa, para determinar la exacta naturaleza de los gastos que pueden deducirse por esta vía debe acudirse al concepto mismo de liberalidad, que resulta de la sentencia del Tribunal Supremo n.° 458/2021, de 30 de marzo, ECLI:ES:TS:2021:1233:

«(...) el art. 14.1.e) del Real Decreto Legislativo 4/2004, debe interpretarse en el sentido de que los gastos acreditados y contabilizados no son deducibles cuando constituyan donativos y liberalidades, entendiéndose portales las disposiciones de significado económico, susceptibles de contabilizarse, realizadas a título gratuito; serán, sin embargo deducibles, aquellas disposiciones —que conceptualmente tengan la consideración de gasto contable y contabilizado— a título gratuito realizadas por relaciones públicas con clientes o proveedores, las que con arreglo a los usos y costumbres se efectúen con respecto al personal de la empresa y las realizadas para promocionar, directa o indirectamente, la venta de bienes y prestación de servicios, y todas aquellas que no comprendidas expresamente en esta enumeración respondan a la misma estructura y estén correlacionadas con la actividad empresarial dirigidas a mejorar el resultado empresarial, directa o indirectamente, de presente o de futuro, siempre que no tengan como destinatarios a socios o partícipes».

A TENER EN CUENTA. Esta sentencia se dictó en relación con el artículo 14.1.e) del derogado Real Decreto Legislativo 4/2004, de 5 de marzo, por el que se aprobaba el texto refundido de la Ley del Impuesto sobre Sociedades (en adelante, TRLIS); hoy sustituido por la LIS. El antiguo artículo 14.e) de la TRLIS era el que excluía la deducibilidad de los donativos y liberalidades, aunque sin comprender dentro de ellos, entre otros, los «realizados para promocionar, directa o indirectamente, la venta de bienes y prestación de servicios, ni los que se hallen correlacionados con los ingresos»; previsión que se recoge en términos idénticos en el actual artículo 15.e) de la LIS.

Así las cosas, lo relevante para la deducción de los gastos promocionales es **acreditar que responden al esquema de las disposiciones a título gratuito para promocionar, directa o indirectamente, la venta de bienes y prestación de servicios.** Deberá demostrarse la efectiva entrega de los objetos promocionales y que su destino es el que acaba de referirse; lo cual, a su vez, exige que pueda trazarse la identidad de los destinatarios de los productos promocionales. A efectos de prueba, puede resultar interesante que, en su caso, los objetos promocionales incorporen los logos de la empresa, aunque la ausencia de estos no implica automáticamente que no puedan considerarse como promocionales, siempre que tal carácter se justifique de manera suficiente (si bien la prueba que se exija en tales supuestos será, quizás, más rigurosa). No en vano, cabe recordar lo indicado por la Audiencia Nacional en su sentencia de 19 de febrero de 2004, dictada en el recurso n.º 569/2002, ECLI:ES:AN:2004:1157:

> «No se considera necesario que el obsequio lleve el logo de la empresa ya que el concepto de promoción de productos no se refiere sólo a la entrega de artículos promocionales (camisetas, bolígrafos agendas y otros productos con el logo de la empresa) sino que abarca el gasto realizado para incrementar las ventas, teniendo la empresa libertad de elección para determinar sus tácticas comerciales, por lo que si el gasto esta contabilizado y existe justificación documental de la anotación contable y que por tanto se trata de obsequios entregados a clientes (aspectos que no discute la inspección) debe considerarse un gasto deducible fiscalmente ya que la finalidad de realizar esos obsequios es mantener o incrementar las ventas, en definitiva una forma de promocionar los productos, que no debe quedar limitada a los gastos realizados en dar publicidad al producto o servicio ofertado».

RESOLUCIÓN RELEVANTE

Sentencia de la Audiencia Nacional, recurso n.º 771/2019, de 28 de septiembre de 2022, ECLI:ES:AN:2022:4785

Asunto: necesidad de acreditación del destino promocional de los productos a fin de que el gasto pueda deducirse en el IS y términos en que ha de producirse.

«Máxime en relación a productos que, como los que aquí nos ocupan, pueden destinarse a fines no promocionales (en este sentido entendemos que debe contextualizarse la referencia de la Inspección a que se trata de productos que no llevan el sello distintivo de la empresa) y que, por ello, pueden corresponderse a gastos no deducibles (por ejemplo, en el caso de tener como destinatarios o beneficiarios a socios o partícipes).

Presupuesto lo anterior, la prueba indiciaria que se indica en la demanda no permite verificar suficientemente esa trazabilidad del destino de los productos a que se refieren los gastos controvertidos ni descartar que hayan podido tener por beneficiarios a socios o partícipes, que es el límite que se debe considerar mínimo a los efectos probatorios que estamos examinando.

Así, por ejemplo, uno de los indicios más potentes que se alegan por la recurrente son los folletos promocionales aportados como documento n.º 13 de la demanda.

Pues bien, que exista una política promocional con los clientes como la que alega por la recurrente no implica necesariamente, conforme a las exigencias de la prueba indiciaria, que los productos a que se refieren los gastos controvertidos fueran destinados a la misma y, en sentido negativo, no excluye que tuvieran otros destinatarios y obedecieran a otras finalidades.

Por otra parte, coincide la Sala con la posición expresada por la Administración demandada en cuanto a que, tratándose de un gasto deducible, es el contribuyente el que tiene la carga de acreditar la efectiva concurrencia de todos y cada uno de los requisitos a que se supedita esa deducibilidad y que dicha tarea no puede ser suplida apelando a la actividad que habría podido desplegar la Inspección en el curso de las actuaciones de comprobación e investigación».

CUESTIÓN

Una sociedad anónima dedicada a la venta de productos de menaje organiza excursiones a favor de clientes potenciales, a los que lleva a visitar lugares de interés turístico, corriendo con los gastos de autobús y de comida en un restaurante. Lo hace con el objetivo de promocionar sus productos, puesto que, tras la comida, el comercial da unas charlas a los potenciales clientes y les ofrece distintos productos para quienes quieran comprarlos. ¿La sociedad podrá deducirse en su IS los gastos correspondientes al restaurante y al autobús?

Tal y como señaló la Dirección General de Tributos en su consulta vinculante (V2683-21), de 5 de noviembre de 2021, «los gastos de transporte, hostelería y restauración objeto de consulta podrán tener la consideración de gastos fiscalmente deducibles en la medida en que cumplan con los requisitos generales de deducibilidad del gasto (...) y, de conformidad con lo dispuesto en la letra e) del artículo 15 de la LIS, se trate de gastos realizados para promocionar la venta de los productos de la consultante, esto es, gastos que tengan por objetivo dar a conocer los productos de la entidad consultante e incrementar sus ventas. No obstante, esta es una cuestión de hecho que deberá, en su caso, ser probada por cualquier medio de prueba válido en Derecho y cuya valoración corresponderá a los órganos competentes de la Administración tributaria».

3.13. Sanciones, recargos e intereses de demora

El artículo 15.c) de la LIS **excluye expresamente la posibilidad de deducir** los siguientes gastos:

- Las **multas y sanciones** penales y administrativas.
- Los **recargos del período ejecutivo**.
- El **recargo por declaración extemporánea** sin requerimiento previo.

Ahora bien, **los intereses de demora sí serán deducibles si cumplen los requisitos generales de deducibilidad de gastos en el IS, aunque con ciertos límites.** No en vano, los intereses de demora se derivan del retraso en el pago de una deuda y tienen un carácter compensatorio o indemnizatorio, que los distinguiría de las sanciones o recargos, cuya naturaleza es sancionadora. De hecho, el artículo 26.1 de la LGT los define como «una prestación accesoria que se exigirá a los obligados tributarios y a los sujetos infractores como consecuencia de la realización de un pago fuera de plazo o de la presentación de una autoliquidación o declaración de la que resulte una cantidad a ingresar una vez finalizado el plazo establecido al efecto en la normativa tributaria, del cobro de una devolución improcedente o en el resto de casos previstos en la normativa tributaria».

A TENER EN CUENTA. Desde un punto de vista contable, los intereses correspondientes al ejercicio en curso se contabilizarán como un gasto financiero, que figurará en la partida «gastos financieros» de la cuenta de pérdidas y ganancias. Los correspondientes a ejercicios anteriores se contabilizarán mediante un cargo en una cuenta de reservas cuando, habiendo procedido el registro de la citada provisión en un ejercicio previo, este no se hubiese producido. Sin embargo, si el reconocimiento o los ajustes en el importe de la provisión se efectúan por cambio de estimación (consecuencia de la obtención de información adicional, de una mayor experiencia o del conocimiento de nuevos hechos), se cargará a cuentas del subgrupo 63 por el importe que corresponde a la cuota y a cuentas del subgrupo 66 por los intereses de demora, correspondan al ejercicio o a ejercicios anteriores. Así lo señala el artículo 18.3 de la Resolución de 9 de febrero de 2016, del Instituto de Contabilidad y Auditoría de Cuentas, por la que se desarrollan las normas de registro, valoración y elaboración de las cuentas anuales para la contabilización del Impuesto sobre Beneficios.

Por otra parte, su deducibilidad tampoco se excluye en otros apartados del artículo 15 de la LIS, al no encajar dentro de la categoría de donativos o liberalidades (por faltar el animus donandi o voluntariedad) ni tampoco en la de actuaciones contrarias al ordenamiento jurídico (según señala la sentencia del Tribunal Supremo n.º 1091/2023, de 24 de julio, ECLI:ES:TS:2023:3511, los intereses de demora constituyen una obligación accesoria que tiene como detonante el incumplimiento de la obligación principal, pero, en sí mismos considerados, no suponen un incumplimiento; al revés, se abonarían en cumplimiento de una norma que legalmente lo exige).

En este sentido, también cabe citar la sentencia del Tribunal Supremo n.º 1303/2022, de 13 de octubre, ECLI:ES:TS:2022:3674, en la que se recoge el siguiente criterio:

> «(...) a efectos del Impuesto sobre Sociedades, **los intereses de demora sean los que se exijan en la liquidación practicada en un procedimiento de comprobación, sean los devengados por la suspensión de la ejecución del acto administrativo impugnado, tienen la consideración de gasto fiscalmente deducible,** atendida su naturaleza jurídica, con el alcance y límites que se han expuesto en este fundamento de derecho».

Dado que **se trata de gastos financieros, su deducibilidad se encuentra sujeta a los límites que señala el artículo 16 de la LIS**. Así, los gastos financieros netos serán deducibles con el límite del **30 % del beneficio operativo del ejercicio**; entendiéndose por gastos financieros netos el exceso de gastos financieros respecto de los ingresos derivados de la cesión a terceros de capitales propios devengados en el período impositivo, excluidos los gastos no deducibles a los que se refieren los siguientes preceptos:

- Las letras g) y h) del artículo 15 de la LIS; esto es:
  - Los gastos de servicios correspondientes a operaciones realizadas, directa o indirectamente, con personas o entidades residentes en paraísos fiscales, o que se paguen a través de personas o entidades residentes en ellos, salvo que el contribuyente pruebe que el gasto devengado responde a una operación o transacción efectivamente realizada.
  - Los gastos financieros devengados en el período impositivo, derivados de deudas con entidades del grupo según los criterios del artículo 42 del Código de Comercio, con independencia de la residencia y de la obligación de formular cuentas anuales consolidadas, destinadas a la adquisición, a otras entidades del grupo, de participaciones en el capital o fondos propios de cualquier tipo de entidades, o a la realización de aportaciones en el capital o fondos propios de otras entidades del grupo, salvo que el contribuyente acredite que existen motivos económicos válidos para su realización.
- El artículo 15 bis de la LIS, que es el que regula las asimetrías híbridas.

> **A TENER EN CUENTA**. En los periodos impositivos iniciados a partir del 1 de enero de 2024, no formarán parte del beneficio operativo los ingresos, gastos o rentas que no se hubieran integrado en la base imponible del Impuesto de Sociedades (modificación introducida por la Ley 13/2023, de 24 de mayo).

Ahora bien, en todo caso, serán deducibles gastos financieros netos del período impositivo **por importe de un millón de euros** (o la parte proporcional si el período impositivo de la entidad tuviera una duración inferior al año).

Por último, y de cara a la aplicación de tales límites, conviene señalar lo siguiente:

- Los gastos financieros netos que no hayan sido objeto de deducción podrán deducirse en los períodos impositivos siguientes, conjuntamente con los del período impositivo correspondiente, y con el límite indicado.
- Cuando los gastos financieros netos del período impositivo no alcancen el límite, la diferencia entre dicho límite y los gastos financieros netos del período impositivo se adicionará al propio límite de cara a la deducción de gastos financieros netos en los períodos impositivos que concluyan en los cinco años inmediatos y sucesivos, hasta que se deduzca dicha diferencia.

- La limitación en la deducibilidad de los gastos financieros que regula el artículo 16 de la LIS no se aplicará a las entidades de crédito y aseguradoras ni tampoco en el período impositivo en el que se produzca la extinción de la entidad, salvo que la misma sea consecuencia de una operación de reestructuración.

RESOLUCIÓN RELEVANTE

Sentencia del Tribunal Supremo n.º 1320/2022, de 18 de octubre, ECLI:ES:TS:2022:3817

Asunto: naturaleza compensatoria o reparadora de los intereses de demora y posibilidad de deducirlos en IS.

«Los intereses de demora tienen por objeto compensar por el incumplimiento de una obligación de dar, o mejor, por el retraso en su cumplimiento. Tienen, pues, carácter indemnizatorio.

Como declara la STC 76/1990, de 26 de abril, la finalidad de la norma que los ampara no trata de sancionar una conducta ilícita, "pues su sola finalidad consiste en disuadir a los contribuyentes de su morosidad en el pago de las deudas tributarias y compensar al erario público por el perjuicio que a éste supone la no disposición tempestiva de todos los fondos necesarios para atender a los gastos públicos. Los intereses de demora no tienen naturaleza sancionadora, sino exclusivamente compensatoria o reparadora del perjuicio causado por el retraso en el pago de la deuda tributaria (..). más que una penalización en sentido estricto, son una especie de compensación específica, con arreglo a un módulo objetivo, del coste financiero... en suma, no hay aquí sanción alguna en su sentido técnico jurídico".

Por tanto, los intereses de demora no se incluyen en la letra c) del artículo 14 TRLIS (actual letra c) artículo 15 LIS/2014).

Es evidente que tampoco son donativos o liberalidades puesto que el pago por su deudor no deriva de su "animus donandi" o de voluntariedad, como requiere la donación o liberalidad. Su pago es impuesto por el ordenamiento jurídico, tiene carácter ex lege.

Por último, ya hemos dicho que en la legislación aplicable al presente recurso de casación no se contemplan como gastos no deducibles los "gastos de actuaciones contrarias al ordenamiento jurídico", pero lo cierto es que "actuaciones contrarias al ordenamiento jurídico" no pueden equiparse, sin más, a cualquier incumplimiento del ordenamiento jurídico ya que esto conduciría a soluciones claramente insatisfactorias, sería una interpretación contraria a su finalidad. La idea que está detrás de la expresión "actuaciones contrarias al ordenamiento jurídico" necesita ser acotada, han de evitarse interpretaciones expansivas, puesto que esa expresión remite solo a cierto tipo de actuaciones, vg. sobornos y otras conductas similares. En todo caso, los intereses de demora constituyen una obligación accesoria, tienen como detonante el incumplimiento de la obligación principal, pero en sí mismos considerados, no suponen un incumplimiento; al revés, se abonan en cumplimiento de una norma que legalmente lo exige.

No admitir la deducción de los intereses de demora sería una penalización que, como tal, requeriría una previsión expresa, cosa que no sucede».

CUESTIONES

1. ¿Cómo se determinará el beneficio operativo para fijar el límite en la deducibilidad de los gastos financieros?

Según indica el artículo 16.1 de la LIS, se establecerá a partir del resultado de explotación de la cuenta de pérdidas y ganancias del ejercicio determinado conforme al Código de Comercio y demás normativa contable, eliminando y adicionando las siguientes partidas:

- Eliminando la amortización del inmovilizado, la imputación de subvenciones de inmovilizado no financiero y otras, el deterioro y resultado por enajenaciones de inmovilizado.

- Adicionando los ingresos financieros de participaciones en instrumentos de patrimonio, siempre que se correspondan con dividendos o participaciones en beneficios de entidades en las que el porcentaje de participación, directo o indirecto, sea al menos el 5 %, excepto que dichas participaciones hayan sido adquiridas con deudas cuyos gastos financieros no resulten deducibles por aplicación del artículo 15.1.h) de la LIS.

En ningún caso formarán parte del beneficio operativo los ingresos, gastos o rentas que no se hubieran integrado en la base imponible del IS. Esta previsión fue incorporada al precepto por la Ley 13/2023, de 24 de mayo, con efectos para los períodos impositivos que se inicien a partir del 1 de enero de 2024.

2. La sociedad mercantil de la que Mateo es socio único tiene recogidos al final del ejercicio contable unos gastos financieros netos de 19.000 euros. Si el beneficio operativo de la entidad en el ejercicio ascendió a 50.000 euros, ¿cuál será el límite a la deducibilidad de gastos financieros de la sociedad calculado conforme al artículo 16 de la LIS?

El artículo 16.1 de la LIS establece que los gastos financieros netos serán deducibles con el límite del 30 % del beneficio operativo del ejercicio; entendiéndose por gastos financieros netos el exceso de gastos financieros respecto de los ingresos derivados de la cesión a terceros de capitales propios devengados en el período impositivo, excluidos los gastos no deducibles a los que se refieren las letras g) y h) del artículo 15 de la LIS y el artículo 15 bis de la LIS. Dicho límite ascenderá, por tanto, al 30 % de 50.000 euros (15.000 euros). Ahora bien, el mismo precepto también señala que, en todo caso, serán deducibles gastos financieros netos del período impositivo por importe de un millón de euros (o la parte proporcional si el período impositivo de la entidad tuviera una duración inferior al año).

3. Una sociedad de responsabilidad limitada ha sido condenada en costas en un procedimiento penal relacionado con su actividad, así que tendrá que pagar los gastos de abogado y procurador de la otra parte. ¿Podrá deducirse esos importes en su IS?

Podrán ser objeto de deducción, en la medida en que los artículos 123 y siguientes del Código Penal y 239 y siguientes de la Ley de Enjuiciamiento Criminal, que son los que regulan las costas dimanantes de un proceso penal, no las configuran como una multa ni sanción penal o administrativa. Además, tampoco se trata de gastos derivados de actuaciones contrarias al ordenamiento jurídico ni se prevé ninguna especificidad para ellos en el artículo 15 de la LIS. Ahora bien, será necesario que se cumplan los requisitos generales que posibilitan la deducción de gastos en el IS, en términos de inscripción contable, correlación con los ingresos, adecuada imputación temporal y debida justificación documental. En tal sentido se pronunció la Dirección General de Tributos, en su consulta vinculante (V3145-16), de 6 de julio de 2016.

4. Un trabajador de una sociedad mercantil sufrió un accidente laboral y el INSS declaró la responsabilidad de la empresa por falta de medidas de seguridad. Le impuso un recargo de prestaciones del 30 % y la sociedad se pregunta si podrá deducirse ese gasto en su declaración del IS.

El recargo de las prestaciones económicas derivadas de accidente de trabajo o enfermedad profesional se impone, tal y como resulta del artículo 164 de la LGSS,

«(...) según la gravedad de la falta, de un 30 a un 50 por ciento, cuando la lesión se produzca por equipos de trabajo o en instalaciones, centros o lugares de trabajo que carezcan de los medios de protección reglamentarios, los tengan inutilizados o en malas condiciones, o cuando no se hayan observado las medidas generales o particulares de seguridad y salud en el trabajo, o las de adecuación personal a cada trabajo, habida cuenta de sus características y de la edad, sexo y demás condiciones del trabajador». La responsabilidad del pago de dicho recargo recae directamente sobre el empresario infractor y no puede ser objeto de seguro alguno, además de resultar independiente y compatible con las responsabilidades que puedan derivarse de la infracción de todo orden, incluso penal.

Por lo tanto, «(...) en la medida en que las cantidades satisfechas se derivan de la responsabilidad de la empresa, declarada en virtud de las correspondientes resoluciones administrativas de la entidad gestora competente, dichas cantidades no pueden calificarse como gasto de carácter social sino que, al derivarse de una infracción administrativa, tiene la consideración de sanción no deducible (...)» [consulta vinculante de la Dirección General de Tributos (V1695-07), de 30 de julio de 2007].

5. ¿Son deducibles en el IS los intereses suspensivos?

En principio, parece que podrían asimilarse a estos efectos a los intereses de demora en general, tal y como señala la sentencia del Tribunal Supremo n.º 150/2021, de 8 de febrero, ECLI:ES:TS:2021:433 y, reitera, por ejemplo, su posterior sentencia n.º 1091/2023, de 24 de julio, ECLI:ES:TS:2023:3511. En particular, nuestro Alto Tribunal indica en ellas que «(...) los intereses suspensivos también tienen carácter indemnizatorio. Aunque con menos énfasis, también se ha discutido su deducibilidad. No vemos razón, llegados a este punto y teniendo en cuenta lo ya manifestado, no asimilarlos a los intereses de demora en general. No en vano, éstos, como ya hemos dicho, también tienen por objeto resarcir a la administración pública por el retraso en percibir el importe que legalmente le corresponde, retraso motivado en esta ocasión por la interposición de reclamaciones o recursos, ya sean administrativos o ya sean judiciales».

3.14. Flujos de tesorería sociedad-socio por motivos distintos a su retribución al trabajo y al cobro del alquiler por cesión de uso de inmuebles (dividendos encubiertos)

El reparto de dividendos a los socios supone la retribución de sus fondos propios, por lo que constituye un gasto expresamente excluido de la posibilidad de deducción en el IS, a tenor del artículo 15.a) de la LIS. Por esa razón, es posible que en algunas ocasiones las sociedades traten de camuflar el pago de beneficios sociales bajo otras formas, empleando para ello otras figuras que, a priori, sí permitirían la deducción. Con ello entraríamos en el ámbito de los «dividendos encubiertos», un concepto que comprendería todo enriquecimiento patrimonial, directo o indirecto, que el socio reciba de la sociedad, que no revista la forma de dividendo en sentido estricto y que tampoco responda a otra causa distinta que su mera condición de socio o partícipe en el capital social.

El reparto de dividendos encubiertos puede adoptar formas muy variadas, por lo que resulta imposible analizar la casuística al completo. Un supuesto clásico (y también fácilmente detectable por la Agencia Tributaria) sería, por ejemplo, aquel en el que el socio emite una factura a la sociedad por unos supuestos servicios prestados a la misma, pero que, en realidad, nunca existieron; o aquel otro en el que el socio dice recibir los importes de la sociedad como devolución de un préstamo que le había concedido (y que tampoco existió nunca).

Sea como fuere, lo cierto es que **el hecho de que un reparto de dividendos se efectúe artificiosamente a través de una operación cuyo gasto sí pueda ser deducible o de que se califique de una u otra manera por la propia sociedad o por el socio no modifica su carácter de tal, ni tampoco, por extensión, su condición de no deducible.** Cuando la inspección tributaria detecte esas manipulaciones, procederá a la regularización de los pagos, que, a efectos fiscales, **tendrán la consideración de dividendos y como tales tributarán**; y, ello, con exigencia de intereses de demora e imposición, en su caso, de las correspondientes sanciones.

En términos estrictos, la utilización de artificios encaminados a la elusión de impuestos (en este caso, al disfrute de ventajas fiscales que no corresponden a la verdadera operación que se realiza entre las partes) constituye una simulación tributaria, cuyas consecuencias especifica el artículo 16 de la LGT en el sentido ya expresado:

> «1. En los actos o negocios en los que exista simulación, el hecho imponible gravado será el efectivamente realizado por las partes.
> 2. La existencia de simulación será declarada por la Administración tributaria en el correspondiente acto de liquidación, sin que dicha calificación produzca otros efectos que los exclusivamente tributarios.
> 3. En la regularización que proceda como consecuencia de la existencia de simulación se exigirán los intereses de demora y, en su caso, la sanción pertinente».

Tal y como señala la sentencia de la Audiencia Nacional, n.º recurso 481/2020, de 5 de abril de 2023, ECLI:ES:AN:2023:2475: «(...) la simulación consiste, en aparentar una realidad que no es tal, o que es otra diferente a la realmente querida, y para ello resulta normal, y casi necesario, un ropaje de realidad, para enmascarar la verdadera intención de las partes».

A TENER EN CUENTA. Los negocios simulados constituyen un tipo de negocio anómalo, puesto que en ellos existe una contradicción entre la voluntad interna y la voluntad declarada por las partes; y de esa contradicción nacería un negocio aparente, que puede encubrir otro negocio (que queda disimulado, es la simulación relativa) o bien puede no encubrir negocio alguno (cuando la simulación es absoluta y las partes, en realidad, no quisieron celebrar negocio alguno, a pesar de su manifestación de voluntad en sentido contrario). Sus elementos esenciales, tal y como apuntó el Tribunal Supremo en su sentencia n.º 2589/2016, de 13 de diciembre, ECLI:ES:TS:2016:5294, serían los siguientes:

«1) La existencia de un acuerdo o convenio simulatorio, que puede ser verbal, y que permanece oculto frente a terceros. En el ámbito tributario el engaño en perjuicio de la Hacienda Pública consiste en impedir que se produzca el hecho imponible del acuerdo simulatorio.

2) El motivo o causa del encubrimiento, es decir, la intención disimulada, únicamente conocida por las partes del convenio simulatorio, de crear la apariencia de un negocio, para ocultar que realmente es inexistente (simulación absoluta), o para encubrir otro negocio que se desea disimular (simulación relativa). Este motivo que ha conducido a la realización de las operaciones puede consistir en un ahorro fiscal.

3) El negocio simulado, aparente o ficticio, es decir, la declaración de voluntad simulada, cuyas estipulaciones no son las realmente queridas por las partes, y que se ha otorgado para dar la apariencia exterior frente a terceros de un negocio jurídico distinto del llevado a efecto o incluso que no existe.

4) El negocio disimulado en el caso de la simulación relativa, o negocio jurídico distinto del exteriorizado por las partes y que tratan de encubrir».

Para probar la existencia de simulación debe acudirse a la prueba indirecta de las presunciones, a cuyo efecto el artículo 108.2 de la LGT apunta que «para que las presunciones no establecidas por las normas sean admisibles como medio de prueba, es indispensable que entre el hecho demostrado y aquel que se trate de deducir haya un enlace preciso y directo según las reglas del criterio humano». Así las cosas, a partir de este precepto y de la jurisprudencia que lo interpreta, serían tres las condiciones para la viabilidad de esta clase de prueba: que los hechos base estén plenamente acreditados; que los mismos sean reveladores, con claridad, de la consecuencia, es decir, del hecho que pretende demostrarse o desconocido; y que entre ambos exista un nexo que, conforme a las reglas de la lógica y del conocimiento humano, aparezca como extremadamente posible (sentencia de la Audiencia Nacional, recurso n.º 556/2020, de 30 de septiembre de 2024, ECLI:ES:AN:2024:4662).

En este sentido, particularmente reveladora puede resultar la sentencia de la Audiencia Nacional, recurso n.º 746/2018, de 27 de diciembre de 2021, ECLI:ES:AN:2021:5556. La resolución se refiere a un supuesto en el que se simula la realización de una actividad económica (prestación de servicios de elaboración de estudios y proyectos) para encubrir el reparto efectivo de dividendos entre los tres socios-administradores de esta última, en el que este tribunal acepta la regularización practicada por la inspección tributaria con base en el artículo 16 de la LGT, «al gravar el hecho imponible efectivamente realizado por las partes, en este caso, el reparto de dividendos en sede de la sociedad recurrente, con las consecuencias previstas en el apartado 3.º del art. 16 LGT en cuanto a la exigencia de los intereses de demora procedentes y la imposición de la sanción pertinente».

RESOLUCIONES RELEVANTES

Sentencia de la Audiencia Nacional, recurso n.º 855/2019, de 20 de enero de 2022, ECLI:ES:AN:2022:296

Asunto: reparto de dividendos encubiertos cuando la sociedad entrega dinero al socio alegando que el pago responde a un préstamo realizado por el socio a la entidad, pero no se prueba de manera suficiente la existencia del préstamo (la sentencia lo analiza desde el punto de vista del IRPF del socio).

«(...) esta Sala, ante supuestos en que se alega la existencia de un préstamo sin el debido soporte documental —incluso cuando consta un documento privado lo que tampoco es ahora el caso—, ha llegado a una solución desestimatoria; así en la SAN, 4.ª de 18 de noviembre de 2020 (rec.1017/2018) ha señalado: "Se trata, en efecto, de una cuestión de prueba..., no o se puede considerar acreditada la existencia de un contrato de préstamo en esa misma fecha, ya que el contrato de préstamo en documento privado aportado por la recurrente se rige por lo dispuesto en el artículo 1227 del Código Civil y, por tanto, al no haber trascendido del ámbito de las partes implicadas, carece de efectos frente a terceros y, en particular, frente a la Administración tributaria. Distinto hubiera resultado que el préstamo hubiera sido declarado en el Impuesto sobre Transmisiones Patrimoniales y Actos Jurídicos Documentados, en la modalidad de Transmisiones Patrimoniales, puesto que el préstamo estaba sujeto, aunque exento (por todas SAN de 15 de marzo de 2017, recurso n.º 685/2105), siendo así que no se tiene constancia de que el alegado contrato fuese inscrito y fuese entregado a funcionario público alguno, ni siquiera a efectos de dicha liquidación. Por ello la Sala comparte la conclusión del TEAC sobre la falta de eficacia de la fecha del préstamo invocado, lo que imposibilita considerar cuando se realizó efectivamente, pudiendo haber sido redactado para justificar el ingreso en efectivo en los términos en que fue realizado, máxime dada la vinculación entre las partes contratantes... tampoco se ha acreditado, antes bien la demandante reconoce lo contrario, que se han satisfecho intereses pactados y devengados ni tampoco que se pagó cantidad alguna en los plazos previstos".

Por tanto, y en la medida que el recurrente no ha probado cual es la razón o justificación de esos 23.000 euros recibidos de la sociedad, y descartado por ello que obedezca a la devolución por la sociedad al socio de unas aportaciones anteriores, esa renta percibida por el recurrente de la sociedad ha de conllevar la calificación que se deriva de esa condición de socio con arreglo al artículo 23.1 a) 4.º del Texto Refundido, aprobado por RD Legislativo 3/2004 y, en definitiva, debe tributar como rendimiento de capital mobiliario, en la categoría de " cualquier utilidad percibida por su condición de socio", tal y como se entendió en el acuerdo de liquidación y corroboraron el TEAR y TEAC».

Sentencia de la Audiencia Nacional, recurso n.º 492/2017, de 10 de marzo de 2020, ECLI:ES:AN:2020:912

Asunto: existencia de simulación por los pagos recibidos por los socios de una entidad, que se afirmaba que respondían a una prestación de servicios de centralización de pagos, pero que no resulta acreditada.

«Señala la recurrente que existe un motivo económico válido y que no ha existido simulación. Afirma que hay una prestación de servicios real de los Asociados a GPD, que en ningún caso pueden calificarse como dividendos los rendimientos obtenidos por una parte derivados de un contrato sinalagmático y que los resultados del contrato de centralización de pagos no son iguales a los de la distribución de dividendos. Ya hemos señalado que el cumplimiento de sus obligaciones por el deudor, no puede considerarse en ningún caso una prestación de servicios a la entidad intermediaria de ese pago.

(...)

En resumen, la realización por los deudores de los actos necesarios para abonar la deuda, no pueden ser considerados como una prestación de servicios. Acierta el TEAC cuando señala:

1.- Que ha existido un negocio simulado; la emisión de facturas por unos servicios inexistentes. En este primer negocio la causa es falsa: no se han prestado servicios.

2.- Que ha existido un negocio disimulado: el reparto encubierto de dividendos a los asociados. (Los emisores de las facturas son todos los asociados; el receptor de la factura es la sociedad que reparte los dividendos; los importes facturados se han calculado siguiendo la forma de reparto de los dividendos recogida en los estatutos, atendiendo al volumen del pago centralizado).

(...)

Pero, además, el que no se haya opuesto objeción a los contratos en sede de las socias, no implica que se hayan aceptado los contratos y sus consecuencias, y fundamentalmente, la deducibilidad en sede de la actora que es lo aquí discutido».

CUESTIONES

1. Uno de los socios de una entidad contribuyente por el IS sustrajo cantidades de la entidad a lo largo de varios años. La sociedad presentó la oportuna denuncia y se está siguiendo un procedimiento penal por los hechos, así que se pregunta si podría deducirse en su IS los importes sustraídos, aportando como justificación documental la propia denuncia.

En principio, parece que los importes sustraídos por el socio no serían deducibles, tal y como apuntó la Dirección General de Tributos en su consulta vinculante (V0310-05), de 28 de febrero de 2005, donde señaló lo siguiente:

«(...) las cantidades sustraídas no tienen la consideración de gasto fiscal para la sociedad, al tratarse de una disposición de beneficios por un socio para fines particulares. No obstante si la disposición se realiza sin estar autorizado para ello, el socio que ha dispuesto de esas cantidades estará obligado a restituirlas a la sociedad, por lo que ésta ostenta un derecho de crédito frente al socio, sin perjuicio de la responsabilidad de índole penal en que pudiera incurrir.

En cuanto a la deducibilidad de la posible dotación de la provisión por insolvencias de dicho deudor, la misma no sería deducible por cuanto responde a un deudor vinculado con la entidad, salvo que se declare judicialmente su insolvencia, de acuerdo con lo establecido en el artículo 12 del TRLIS».

2. ¿Qué infracción tributaria puede cometer una sociedad mercantil que se deduce como gasto los dividendos encubiertos que abona a uno de sus socios?

En este caso, la conducta constitutiva de sanción consistiría en dejar de ingresar una parte de la deuda tributaria que debiera resultar de la correcta autoliquidación del impuesto. En ese sentido, el artículo 191 de la LGT establece específicamente que «constituye infracción tributaria dejar de ingresar dentro del plazo establecido en la normativa de cada tributo la totalidad o parte de la deuda tributaria que debiera resultar de la correcta autoliquidación del tributo, salvo que se regularice con arreglo al artículo 27 o proceda la aplicación del párrafo b) del apartado 1 del artículo 161, ambos de esta ley».

3. Los dividendos que perciba el socio persona física, ¿cómo tributarán en su IRPF?

Las rentas que el socio reciba como dividendos tendrán, a los efectos de su IRPF, la consideración de rendimientos del capital mobiliario, según señala el artículo 25.1 de la LIRPF. Dicho precepto atribuye la condición de rendimientos íntegros del capital mobiliario a los «rendimientos obtenidos por la participación en los fondos propios de cualquier tipo de entidad», una categoría dentro de la que se consideran incluidos, entre otros, los dividendos, primas de asistencia a juntas y participaciones en los beneficios de cualquier tipo de entidad (sean dinerarios o en especie).

Por otra parte, y al margen de ciertos gastos que podrían ser objeto de deducción por parte del socio (como los gastos de administración y depósito de valores negociables); cabe destacar que los rendimientos del capital mobiliario, como serían los derivados de dividendos, están sujetos a retención o ingreso a cuenta del IRPF si quien los abona está obligado a retener (como las personas jurídicas), en los términos que especifican los artículos 99 y 101 de la LIRPF y los artículos 75 y 76 del RIRPF.

3.15. Deducibilidad en el Impuesto sobre Sociedades del IVA no compensado

La norma de registro y valoración 12.ª del Real Decreto 1514/2007, de 16 de noviembre, por el que se aprueba el Plan General de Contabilidad, relativa al Impuesto sobre el Valor Añadido (IVA), Impuesto General Indirecto Canario (IGIC) y otros impuestos indirectos, dispone:

«El IVA soportado no deducible formará parte del precio de adquisición de los activos corrientes y no corrientes, así como de los servicios, que sean objeto de las operaciones gravadas por el impuesto. En el caso de autoconsumo interno, esto es, producción propia con destino al inmovilizado de la empresa, el IVA no deducible se adicionará al coste de los respectivos activos no corrientes.

No alterarán las valoraciones iniciales las rectificaciones en el importe del IVA soportado no deducible, consecuencia de la regularización derivada de la prorrata definitiva, incluida la regularización por bienes de inversión.

El IVA repercutido no formará parte del ingreso derivado de las operaciones gravadas por dicho impuesto o del importe neto obtenido en la enajenación o disposición por otra vía en el caso de baja en cuentas de activos no corrientes.

Las reglas sobre el IVA soportado no deducible serán aplicables, en su caso, al IGIC y a cualquier otro impuesto indirecto soportado en la adquisición de activos o servicios, que no sea recuperable directamente de la Hacienda Pública.

Las reglas sobre el IVA repercutido serán aplicables, en su caso, al IGIC y a cualquier otro impuesto indirecto que grave las operaciones realizadas por la empresa y que sea recibido por cuenta de la Hacienda Pública. Sin embargo, se contabilizarán como gastos y por tanto no reducirán la cifra de negocios, aquellos tributos que para determinar la cuota a ingresar tomen como referencia la cifra de negocios u otra magnitud relacionada, pero cuyo hecho imponible no sea la operación por la que se transmiten los activos o se prestan los servicios».

Por su parte, el artículo 10.3 de la LIS, establece:

> «En el método de estimación directa, la base imponible se calculará, corrigiendo, mediante la aplicación de los preceptos establecidos en esta Ley, el resultado contable determinado de acuerdo con las normas previstas en el Código de Comercio, en las demás leyes relativas a dicha determinación y en las disposiciones que se dicten en desarrollo de las citadas normas».

Por tanto, la base imponible del Impuesto sobre Sociedades se determina a partir del resultado contable, corregido de conformidad con lo previsto en la LIS. En caso de no existir norma específica que corrija el resultado contable, será ese el asumido desde el punto de vista fiscal.

Así las cosas, y dado que la LIS no contiene ninguna regla especial al respecto, **el IVA no deducible forma parte del precio de adquisición de los bienes y servicios y será gasto deducible en el IS** siempre que, de acuerdo con su naturaleza, dicho gasto **fuera deducible**. En este sentido se ha pronunciado la Dirección General de Tributos en la consulta vinculante (V1066-19), de 20 de mayo de 2019, en la que señala:

> «Por ello, al no existir ningún precepto en la LIS que disponga regla especial en este sentido, el IVA no deducible forma parte del precio de adquisición de los bienes y servicios y será deducible para determinar la base imponible del IS siempre que de acuerdo con la naturaleza de dicho gasto fuera deducible conforme a los preceptos de la LIS».

Respecto de la deducibilidad del IVA como gasto, en el caso del inmovilizado material, la norma de valoración y registro 2.ª del Plan General de Contabilidad señala que los impuestos indirectos que gravan los elementos del inmovilizado material solo se incluirán en el precio de adquisición o coste de producción cuando no sean recuperables directamente de la Hacienda pública.

RESOLUCIÓN RELEVANTE

Sentencia de la Audiencia Nacional de 27 de diciembre de 2021, en recurso n.º 34/2017, ECLI:ES:AN:2021:5769

Asunto: tratamiento en el IS del IVA no deducible.

«(...) al no existir precepto alguno en el TRLIS que disponga regla especial a este respecto, ha de entenderse que el IVA no deducible forma parte del precio de adquisición de los bienes y servicios y que será deducible para determinar la base imponible del Impuesto sobre Sociedades siempre que, de acuerdo con la naturaleza de dicho gasto, el mismo fuera deducible conforme a los preceptos del TRLIS.

No acreditada esta última condición en el presente caso, al no haberse admitido la deducibilidad del gasto asociado al pago de las cantidades facturadas a la sociedad recurrente por (...), tampoco cabe admitir la deducibilidad del IVA soportado correspondiente a las mismas».

RESOLUCIÓN ADMINISTRATIVA

Consulta vinculante de Dirección General de Tributos (V3145-16), de 6 de julio de 2016

Asunto: deducibilidad del IVA en el Impuesto sobre Sociedades, cuando dicho IVA se pone de manifiesto en un procedimiento de inspección tributaria.

«En principio, las cantidades resultantes de liquidaciones tributarias propuestas mediante actas de inspección no son deducibles, en la medida que versen sobre tributos cuya naturaleza no permita considerarlos como fiscalmente deducibles. El caso planteado en la consulta no aclara la naturaleza de tales cuotas por lo que:

-Si se trata de cuotas de IVA devengadas regularizadas por operaciones sujetas y no exentas que en el momento en que se devengó el impuesto no tenía la consideración de gasto deducible conforme establece la STS de 14 de febrero de 2013, el hecho de que con posterioridad y como consecuencia de la regularización efectuada en relación con el citado impuesto, se le exigiera un mayor importe por las cuotas devengadas por IVA y no hubiera posibilidad de repercutir el impuesto sobre los consumidores finales, ello no transforma la naturaleza del impuesto pasando a ser un gasto deducible por cuanto dicho impuesto (en lo que se refiere a cuotas devengadas) no tuvo nunca la consideración de gasto fiscalmente deducible a efectos del Impuesto sobre Sociedades.

-Si se trata de cuotas de IVA que en el momento de su devengo tenían la consideración de gasto contable conforme a lo establecido en el PGC en su NRV 12.ª, deducible en el Impuesto sobre Sociedades, por tratarse de cuotas de IVA soportado no deducible en el Impuesto sobre el Valor Añadido, en el momento de la regularización mantienen esa naturaleza con lo que serán deducibles en el Impuesto sobre Sociedades siempre que cumplan los restantes requisitos para ello. En concreto, habrá que tener en cuenta lo dispuesto en el artículo 11.3 de la LIS, conforme al cual:

"3. 1.º No serán fiscalmente deducibles los gastos que no se hayan imputado contablemente en la cuenta de pérdidas y ganancias o en una cuenta de reservas si así lo establece una norma legal o reglamentaria, a excepción de lo previsto en esta Ley respecto de los elementos patrimoniales que puedan amortizarse libremente o de forma acelerada.

Los ingresos y los gastos imputados contablemente en la cuenta de pérdidas y ganancias o en una cuenta de reservas en un período impositivo distinto de aquel en el que proceda su imputación temporal, según lo previsto en los apartados anteriores, se imputarán en el período impositivo que corresponda de acuerdo con lo establecido en dichos apartados. No obstante, tratándose de gastos imputados contablemente en dichas cuentas en un período impositivo posterior a aquel en el que proceda su imputación temporal o de ingresos imputados en las mismas en un período impositivo anterior, la imputación temporal de unos y otros se efectuará en el período impositivo en el que se haya realizado la imputación contable, siempre que de ello no se derive una tributación inferior a la que hubiere correspondido por aplicación de las normas de imputación temporal prevista en los apartados anteriores.

(...)".

Por lo tanto, respecto al registro contable que realice la entidad consultante por las cuotas de IVA no deducibles correspondientes a periodos anteriores, en la medida en que ello determine el registro contable de un gasto en un periodo impositivo posterior a aquel en el que hubiera procedido su imputación temporal, con arreglo al principio de devengo, en virtud de lo dispuesto en el artículo 11.3 de la LIS previamente transcrito, la imputación contable de dicho gasto se integrará en la base imponible del ejercicio en el que se proceda a su contabilización, siempre que de ello no se derive una tributación inferior a la que hubiera correspondido por aplicación de la norma general de imputación temporal».